ACCESO GRATIS *a la Lectura en la Nube*

Para visualizar el libro electrónico en la nube de lectura envíe junto a su nombre y apellidos una fotografía del código de barras situado en la contraportada del libro y otra del ticket de compra a la dirección:

ebooktirant@tirant.com

En un máximo de 72 horas laborables le enviaremos el código de acceso con sus instrucciones.

AF276465

Derechos humanos: Conquista y defensa de un planeta digno

Derechos humanos:
Conquista y defensa
de un planeta digno

FERNANDO FLORES GIMÉNEZ

tirant humanidades
Valencia, 2025

En caso de erratas y actualizaciones, la Editorial Tirant Humanidades publicará la pertinente corrección en la página web www.tirant.com.

Director de la colección Ágora
JOAN ROMERO GONZÁLEZ

© Fernando Flores Giménez

© TIRANT HUMANIDADES
EDITA: TIRANT HUMANIDADES
C/ Artes Gráficas, 14 - 46010 - Valencia
TELFS.: 96/361 00 48 - 50
FAX: 96/369 41 51
Email: tlb@tirant.com
www.tirant.com
Librería virtual: www.tirant.es
DEPÓSITO LEGAL: V-724-2025
ISBN: 978-84-1081-166-9
MAQUETA: Innovatext

Si tiene alguna queja o sugerencia, envíenos un mail a: *atencioncliente@tirant.com*. En caso de no ser atendida su sugerencia, por favor, lea en *www.tirant.net/index.php/empresa/politicas-de-empresa* nuestro procedimiento de quejas.

Responsabilidad Social Corporativa:
http://www.tirant.net/Docs/RSCTirant.pdf

Índice

Capítulo Cuarto
Los derechos humanos hoy: crisis y retos

Introducción

Todos tenemos una percepción de lo que son los derechos humanos. Aunque sea una noción vaga —probablemente no sabríamos definirlos con precisión— somos capaces de asociar su concepto a ideas como la justicia, la libertad, la igualdad, el respeto y la dignidad, o a convicciones como el derecho a no sufrir daños arbitrarios o la intrínseca maldad de las guerras.

Habitualmente asociamos los derechos humanos con algo de lo que carecen países lejanos, *subdesarrollados*, estados fallidos frecuentemente sometidos a dictaduras o a gobiernos autoritarios y abusadores. Detenciones y encarcelaciones injustificadas, control de los medios de comunicación, discriminaciones y violencia por razón de sexo o de raza, atropellos policiales, jueces parciales, torturas y tratos inhumanos, neocolonialismo y *extractivismo* voraz en territorios indígenas, persecución por ideas políticas y religiosas o simplemente por ser defensores activos de los derechos. Acciones que nos emplazan a lugares sin ley ni justicia.

También pensamos en los derechos humanos cuando escuchamos reivindicaciones que exigen su reconocimiento. Que a las mujeres se les permita ir a la escuela y a la universidad, o simplemente conducir un vehículo, que las personas con pocos medios económicos puedan acceder a una vivienda digna, que se impidan los abusos policiales y que si se sospecha de ellos se investigue de forma imparcial, que se elimine la esclavitud en cualquiera de sus formas, que la censura y el hostigamiento a los periodistas sean erradicados, que ser persona mayor no equivalga a perder consideración y derechos... La protesta y la reclamación de estos espacios de dignidad nos sitúan en la órbita del valor cultural que son los derechos humanos.

Estos constituyen un valor social relativamente reciente, al menos tal y como los conocemos hoy. En lo más cercano, fue la reacción política y social a las brutalidades de la Primera y la Segunda Guerras Mundiales la que configuró la solidez de la convicción de que sin derechos reconocidos para todas las personas no puede existir un planeta digno, decente y en paz. Si miramos un poco más lejos, el humanismo laico renacentista, las declaraciones de derechos inglesas del siglo XVII, y más tarde las americanas y francesas a finales del XVIII, habían dado forma a la idea nuclear de los derechos humanos: el valor intrínseco de la naturaleza humana y el sentimiento de injusticia contra todo aquello que la dañe.

En la actualidad, casi 80 años después de la promulgación por la Organización de las Naciones Unidas (ONU) de la Declaración Universal de los Derechos Humanos (1948) el auge de estos es un recuerdo. Ni ellos ni quienes los defienden o promueven gozan del prestigio de antaño. Puede decirse que en la actualidad los derechos humanos forman parte del elenco de las grandes ideas del siglo XX que están en crisis.

No es una buen noticia. Directamente relacionada con este desinterés y la correlativa decadencia de los derechos se encuentra la actual crisis del sistema democrático; en la línea argumentada de María Zambrano en *Persona y Derecho*, la democracia no es concebible sin el respeto por la dignidad de las personas. En este sentido, un reciente estudio de la Universidad de Gotemburgo, publicado en 2024, muestra que los elementos que componen los sistemas democráticos actuales están debilitándose en más países de los que están mejorando, y que el nivel de democracia que hoy disfruta la persona promedio ha descendido a los niveles de 1985. Es decir, a niveles anteriores al final de la Guerra Fría.

Este librito va a llamar la atención sobre los graves peligros que acompañan a esta realidad, tratando de aproximar a los lectores una idea sencilla pero rigurosa sobre los derechos humanos, sobre lo que son y sobre su extraordinaria importancia para las personas y la sociedad. Un conocimiento más cercano y comprensivo de los derechos nos revelará que lo mejor de nuestra vida cotidiana está sembrada de sus garantías y quizás, de paso, pueda servirnos para indignarnos cuando asistamos a su violación y para tomar conciencia de la necesidad de protegerlos en serio —activamente— frente a las graves amenazas que los acechan.

Ese acercamiento nos trasladará a los caminos y paisajes históricos que ilustran el origen de los derechos humanos, nos conducirá brevemente por algunas de las principales corrientes filosóficas que se han preguntado por su fundamento y su finalidad, nos planteará el cuestionamiento sobre la verdad de su universalismo y hará que nos detengamos en el modo en que se ha tratado de proteger su eficacia, que es como preguntarnos por los instrumentos con que contamos para cuidar y garantizar la dignidad de las personas. Después, para finalizar, dedicaremos unas páginas a hablar de su actualidad —su presente, su crisis— e interpelarnos sobre su incierto futuro.

No obstante, antes de adentrarnos en este mar —rara vez pacífico— de cuestiones, planteamos a continuación unas notas breves que pueden ayudar a entender el marco y la intención —divulgadora y no analítica— desde la que se escribe esta obra.

La primera es que **no hay que preocuparse demasiado por no dar con una definición esencial y 'definitiva' de los derechos humanos.** Tampoco por no determinar con claridad cuál es el momento histórico de su nacimiento (¿desde cuándo podemos hablar de ellos?) y menos aún por dudar de, entre los distintos nombres con los que muchas veces son señalados (derechos humanos, derechos inalienables, derechos morales, derechos del hombre, derechos naturales, derechos fundamentales, libertades públicas...) cuál de ellos es el más adecuado. Asimismo es conveniente asumir que, si bien existe consenso sobre la pertenencia de ciertos derechos al club de los derechos humanos, este acuerdo no se extiende ni a todos ellos ni con igual convicción. Teniendo presente, por lo demás, que el devenir histórico poco a poco va incorporando a la lista derechos que hace años eran impensables, como recientemente el derecho humano al agua (2010), o quizás en el futuro el derecho humano a los cuidados o los neuroderechos. En este sentido, una de las características de los derechos humanos es que están sometidos a una constante tensión y revisión, desde una perspectiva abstracta (debido a las distintas corrientes de pensamiento que los explican) y en relación con su momento histórico.

En segundo lugar, **la dimensión reivindicativa, subversiva y de lucha.** Los derechos humanos nacen de la semilla de la indignación, de la resistencia y la reacción ante la opresión y las injusticias. Como nos recuerda Mario Obrero que sucede con la poesía, los derechos humanos nacen de la necesidad. Se conciben, se diseñan, se teorizan a partir de su negación, de su violación. Son refractarios a la arbitrariedad y ponen en cuestión el abuso de poder, la tiranía, los regímenes absolutistas y autoritarios.

De las persecuciones religiosas al reconocimiento de la libertad de conciencia. De la esclavitud como elemento fundamental del estatus social y la economía al rechazo generalizado y la prohibición de la servidumbre y la trata de personas. De las detenciones arbitrarias al habeas corpus y las garantías de la libertad individual. De la pobreza y la vulnerabilidad al reconocimiento de los derechos sociales. Del sometimiento de grupos de población a condiciones de existencia dirigidas a su destrucción a la creación del delito de genocidio... El Derecho es —nos recuerda Ihering— la lucha por los derechos, no la concesión de los poderosos, sean estos personas físicas, gobiernos, empresas o Estados. Más bien al contrario, todo derecho se ha conquistado y protegido mediante la insistente y a menudo gravosa lucha social de personas y grupos para alcanzar el reconocimiento y la garantía de sus necesidades básicas.

La tercera precisión nos lleva a vincular directamente el mundo de los derechos humanos con **la defensa y la protección de las personas y**

grupos en situación de vulnerabilidad, las más débiles, las habitualmente orilladas o directamente olvidadas por la sociedad y por los Estados. El artículo 2 de la Declaración Universal de los Derechos Humanos, al prohibir la discriminación por raza, color, sexo, idioma, religión y opinión política, o por origen nacional o social y posición económica, ya indica hacia dónde debe dirigirse la atención si se desea proteger la dignidad de todas las personas. Las minorías (étnicas, lingüísticas, religiosas), las mujeres, los niños y las niñas, las personas con discapacidad, las personas mayores, las personas sin hogar, las personas migrantes, los refugiados y solicitantes de asilo, los presos, las personas LGTBI... constituyen grupos en muchas ocasiones sometidos a la denominada vulnerabilidad estructural. Esta viene provocada por un tipo de organización social, política y jurídica que hace vulnerables a determinadas personas en razón de sus condiciones físicas, económicas, culturales, de género..., es decir, que provoca que estas personas encuentren especiales dificultades para ejercitar con plenitud los derechos humanos reconocidos por sus ordenamientos jurídicos. Pues bien, la pretendida universalidad de los derechos humanos tiene razón de ser si la mirada sobre su eficacia se fija con especial atención en la protección de las personas y los grupos sometidos a estas dificultades.

Por último, **la cotidianeidad y la ubicuidad** son rasgos esenciales de los derechos humanos. Es decir, la presencia o ausencia de la eficacia de los derechos no dibuja paisajes exuberantes o yermos en tierras remotas, sino que configura para bien o para mal la vida ordinaria y diaria de todas las personas en cualquier lugar, tanto en los países desarrollados como en los considerados en vías de desarrollo. Esta circunstancia suele ser olvidada (por los países ricos). Por ejemplo, en el año 2008 se presentó en España el primer Plan Nacional de Derechos Humanos, un texto que fue sometido por el Gobierno a la consideración del Congreso en la Comisión Constitucional. En el debate allí suscitado algunos diputados reprocharon —con cierto desprecio y soberbia— a los proponentes que se hablase de derechos humanos en un Estado de Derecho como el español, que por definición los reconoce y protege en su texto constitucional.

Sin embargo, es sabido que ningún Estado está libre de injusticias, incluso sistemáticas, sean estas perpetradas por los poderes públicos (el rechazo sin garantías de inmigrantes en las fronteras) o por los particulares más poderosos (el control de la desinformación por las grandes empresas de medios de comunicación). Y es sabido que en el mismo momento en que dejan de promoverse, los derechos comienzan a debilitarse. De modo que la realización y el perfeccionamiento del sistema de derechos de un país dependen del compromiso cotidiano que adopten sus poderes públicos y su ciudadanía.

Por ello, en 1993, la Conferencia Mundial de Derechos Humanos reunida en Viena animó a (todos) los Estados participantes a elaborar Planes de Acción Nacional en los que adoptasen las medidas necesarias para mejorar la promoción y protección de los derechos humanos.

Juristas y teóricos del Derecho como Bobbio, Nino, Peces-Barba, Pérez Luño o Laporta han convenido desde distintas miradas en **la dificultad de formular un concepto de derechos humanos que satisfaga a la mayoría.** Como se verá enseguida, este inconveniente va asociado al de su fundamentación y a las dudas sobre su universalidad.

Resulta curioso que un término como *derechos humanos*, que como señala Koskenniemi pertenece al lenguaje común de la Humanidad, esté sometido a imprecisión, disputas y desacuerdos. Sin embargo, es quizás esa tensión esencial, esa combinación entre determinación y *liquidez,* es decir el hecho de ser a la vez absolutos y situados, plurales e incompletos, reflejo del momento de una conciencia histórica pero en movimiento, lo que los hace verdaderamente *humanos.*

Por nuestra parte, el texto que aquí se presenta parte de modo aproximativo de que los derechos humanos son las facultades, las áreas de inmunidad y las exigencias de prestación que permiten a las personas concretar las exigencias de la libertad y la igualdad, bases de la dignidad humana. Su punto de llegada es que los derechos humanos son los recogidos en las normas internacionales de derechos humanos e interpretados por los organismos internacionales que los protegen. Que integran por lo tanto derechos de diferente naturaleza, civiles, políticos, sociales, económicos y culturales, y que están abiertos a la incorporación de otros que el consenso histórico habrá de añadir en cada momento. Que se reconocen a todas las personas, con independencia de su sexo, su origen, su edad, su identidad, su nacionalidad, su capacidad económica... Que no decaen en las situaciones de vulnerabilidad sino que en estos casos se fortalecen. Que son indivisibles y transversales, que no se entienden los unos sin los otros. Que son justiciables, es decir que son más que una reivindicación moral, que pueden reivindicarse antes los poderes públicos. Que su vocación, más allá de particularidades de tiempo, espacio y cultura, es la universalidad.

Capítulo Primero
Origen y fundamento de los derechos humanos

1. UN POCO DE HISTORIA. ¿DESDE CUÁNDO HAY DERECHOS HUMANOS?

Tal y como los conocemos hoy los derechos humanos hunden sus raíces en el humanismo renacentista, en la justificación por la mano de Locke —en el *Segundo ensayo sobre el gobierno civil*— de la revolución inglesa de 1688, en las revoluciones americana y francesa del siglo XVIII y en las revoluciones sociales, luchas políticas y movimientos reformadores del siglo XIX y principios del XX asociadas a los movimientos obreros europeos (Gran Bretaña primero, Alemania, Francia, Italia y Rusia más tarde) y campesinos (México). Sin embargo, el sentimiento de injusticia contra lo que daña la dignidad humana no es exclusivo de estos acontecimientos, ni la identificación de ciertos derechos una nota exclusiva de la Edad Moderna y la Ilustración.

Suele citarse la tragedia *Antígona*, de Sófocles, escrita en el siglo V a.C., como reivindicación —por una mujer— de la dignidad y la conciencia moral de las personas, anterior a las leyes de la ciudad y al poder absoluto. El rey Creonte ha ordenado que no se entierre a Polinices y que su cadáver sea abandonado a merced de las alimañas. Le condena con ello a que su alma vague sin rumbo en castigo por haberse rebelado contra Tebas. Sin embargo, Antígona desobedece a Creonte y da sepultura a su hermano, asumiendo que ella misma habrá de morir por esa acción. En un bellísimo diálogo con el rey, Antígona reclama su libertad de conciencia, argumenta sobre las leyes no escritas e inmutables de los hombres, contra las leyes injustas y en defensa de valores morales universales.

Como manifestación del Derecho, el **Código de Hammurabi,** promulgado por el rey de Babilonia hacia 1760 a. de C., constituye el texto más conocido de la Antigüedad con demostrada influencia en la legislación de hebreos, griegos y romanos. En él se incorporan principios protectores de la vida, la presunción de inocencia y la propiedad al mismo tiempo que se establece la ley del Talión, el castigo de amputar las manos al hijo que maltratase a su padre, o las orejas al esclavo que "golpee en la cabeza a un hombre libre". Se trata, sin duda, de un hito jurídico en la regulación de las relaciones humanas, aunque lejos de lo que podría considerarse una primera semilla o intuición sobre los derechos humanos.

Por su parte, la Organización de Naciones Unidas presenta el *Edicto de Ciro* como una antigua declaración de derechos humanos. El

Edicto, promulgado en Mesopotamia (Irak) en el año 538 a.C. y hallado en unas excavaciones en 1879, se encuentra grabado en un cilindro de piedra y colonialmente expuesto en el British Museum. En él se indica —según consta en la web de la ONU, aunque se trata de una traducción bastante controvertida— que toda persona tiene derecho a la libertad y a elegir su religión, y que todos los individuos deben respetarse mutuamente. El cilindro también sugeriría la resistencia a la opresión y la defensa de los oprimidos, el deber de respeto a la dignidad humana, la igualdad racial y la consideración a las costumbres y tradiciones de las minorías étnicas. En realidad, argumentan sus estudiosos, estas políticas de tolerancia no deberían entenderse como un reconocimiento del Rey de Persia del valor del ser humano, sino más bien como una forma de integrar a nuevos súbditos en el imperio, de forma rápida y con los menos problemas posibles.

Sería el mismo planteamiento seguido por **las cartas pueblas** concedidas en la Península ibérica a partir del siglo IX y hasta el XIV, durante la denominada *Reconquista*. Estos documentos tenían como objetivo principal atraer repobladores a territorios habitualmente fronterizos, estableciendo estímulos y condiciones favorables que convencieran a aquellos de que, ocupando tierras recién conquistadas (y ciertamente peligrosas) habrían de alcanzar más bienes y mejorar su condición social. De nuevo, los beneficios y privilegios otorgados se manifestaban más como un reclamo finalista que como un reconocimiento o consideración de los repobladores como seres humanos con derechos inalienables.

Y aunque no se trata de desmitificar los antecedentes más conocidos de los derechos humanos, también la famosa *Carta Magna de Juan Sin Tierra* (1215) compartiría ese perfil más contingente que épico. En perspectiva, nos dice

Satrústegui, parece que el poder de Juan, hijo de Ricardo Corazón de León y rey de Inglaterra desde 1199, estuvo constantemente desafiado por tres poderes rivales: el del Rey de Francia, el de la Iglesia Católica y el de los barones ingleses. Y, en situaciones de debilidad, Juan no dudó en hacer a cada uno de ellos importantes concesiones, que luego no respetó. Ciertamente, la Carta contenía garantías contra la detención ilegal, el acceso rápido a la justicia y la limitación de impuestos, pero no de forma generalizada sino para los recalcitrantes barones que acechaban al rey. Fue el movimiento constitucionalista del XVII el que, de forma interesada, interpretó el texto como una antigua constitución protectora de las libertades de los ingleses. Y de ahí acabó convirtiendo lo que era un importante documento de relación medieval entre el monarca y los barones en un hito histórico con un significado superior al original.

Lo que nos indican estos antecedentes de connotación feudal es que en el nacimiento de los derechos humanos tal y como los conocemos hoy destaca su función como **limitadores del poder,** y sobre todo del poder absoluto. Después, en comparación con ellos, el elemento esencial que va a incorporar la modernidad renacentista es precisamente **el valor de la persona** por sí misma. Por eso se afirma, con razón, que los derechos humanos tienen su origen en las ideas humanistas y en la razón ilustrada, porque es el 'hombre' el centro de interés y protección. El edicto de Ciro o las cartas pueblas no se basan en la creencia de que la dignidad del hombre es un bien supremo. Su finalidad no es proteger al ser humano por su valor intrínseco, sino otros intereses políticos coyunturales que aconsejan adoptarlos. Por contra, si nos fijamos en los textos de Francisco de Vitoria sobre el Derecho de gentes (antecedente del Derecho internacional), los de Bartolomé de las Casas sobre los derechos de los indígenas de América o en las Declaraciones americana y francesa de finales del siglo XVIII, comprobamos que ese interés se concentra en el individuo y, con él, en el reconocimiento de sus derechos naturales imprescriptibles.

Son **las tres grandes revoluciones de la edad moderna** —la inglesa (1688), la americana (1776) y la francesa (1789)— las que ponen los cimientos de unos derechos humanos que consideran a todos los hombres libres e iguales en derechos.

En **la revolución inglesa** tres son los hitos relevantes: la Petición de Derechos (1628), que protegía los derechos personales y patrimoniales; el Acta de Habeas Corpus (1679), que prohibía las detenciones sin orden judicial; y la Declaración de Derechos (1689), que consagraba los derechos recogidos en los textos anteriores. En realidad, todos ellos fueron documentos "impuestos" por el Parlamento a los monarcas como condición para su coronación, si bien, en el último caso (con la reina María II Estuardo y su esposo Guillermo de Orange), el *Bill of Rights* tomó forma de verdadero contrato entre ambos soberanos: los reyes y el pueblo. La separación de poder y el reconocimiento de derechos como instrumentos de contención y limitación al poder absoluto.

Estas pretensiones frente al Estado toman un cariz diferente en la grandes declaraciones de derechos promulgadas en las revoluciones posteriores. En las colonias inglesas de Norteamérica la Convención de Delegados de Virginia proclamó su Declaración de Derechos el 12 de junio de 1776. Tres semanas más tarde, el 4 de julio, se proclamó la **Declaración de Independencia de los Estados Unidos** por el Segundo Congreso Continental a la convención de delegados de las Trece Colonias. En ambos casos, a diferencia de la experiencia inglesa, sus principios se extraen directamente de la naturaleza humana, son aplicables a todos los hombres y se concretan en libertades concretas. Esa concreción tuvo lugar en 1791, con el *Bill of Rights* o Carta de Derechos de EEUU, que añade las 10 primeras enmiendas a la Constitución de 1787, la cual organizaba los poderes pero no contenía derechos. En las enmiendas se establece que el Congreso no puede limitar determinados derechos individuales, entre ellos las libertades de expresión, de prensa, de reunión y religiosa; y, junto al derecho a poseer y portar armas, los derechos a no sufrir registros e incautaciones irrazonables, al proceso debido, a la propiedad privada y a formular peticiones al gobierno en caso de agravios.

En Europa, en el contexto de **la Revolución Francesa** se proclama en París la Declaración de los Derechos del Hombre y del Ciudadano (1789). Como en el caso de las diez primeras enmiendas americanas, la Declaración reconoce algunos derechos completamente actuales: la presunción de inocencia, la libertad de opinión y de religión, la libertad de expresión y el derecho a la propiedad. También establece principios fundamentales de orden político, como el derecho a la resistencia contra la opresión, el sistema de gobierno representativo, la primacía de la ley y la separación de poderes. Por lo demás, es un referente en el constitucionalismo de nuestros días su artículo 16, según el cual

> *"toda sociedad en la que no está asegurada la garantía de los derechos ni determinada la separación de los poderes no tiene Constitución".*

A la Declaración francesa de 1789 le siguió en 1793 una *segunda* Declaración de los Derechos del Hombre y el Ciudadano, documento que precedió a la primera constitución republicana de la misma fecha. Esta Declaración, adoptada tras el destronamiento del rey y la proclamación de la República, imprimió el sello radical de Robespierre y los jacobinos. Con ella aparecieron nuevos derechos, antecedentes de los sociales, como el derecho a la asistencia, el derecho al trabajo y el derecho a la instrucción. Este avance, sospechoso para los intereses de la burguesía, fue anulado dos años después, por lo que ni la Declaración ni la Constitución de 1793 fueron implementadas.

También debe destacarse la *Declaración de los Derechos de la Mujer y la Ciudadana*, escrita y publicada por Olympe de Gouges en 1791, texto verdaderamente universalista que denunciaba el olvido absoluto de las mujeres en el proyecto revolucionario. Su artículo 1 —*"La mujer nace, permanece y muere libre al igual que el hombre en derechos"*—, actuó como un aldabonazo en la Asamblea Nacional, que se negó a debatirlo a pesar del debate social que había generado como sencillo panfleto de cinco hojas. De Gouges había denunciado la esclavitud en otros escritos, reclamaba la legalización del divorcio, los derechos de las madres solteras y la protección de los huérfanos y los hijos habidos fuera del matrimonio. Sin embargo, contraviniendo el artículo 10 de su Declaración —*"Nadie debe ser molestado por sus opiniones, incluso fundamentales. Si la mujer tiene el derecho de subir al cadalso, debe tener igualmente el de subir a la Tribuna..."*— la escritora y filósofa francesa fue juzgada sumariamente y guillotinada por los jacobinos en la Place de la Concorde, en 1793. El texto íntegro de su Declaración no fue conocido hasta 1986, casi dos siglos después.

Resulta claro que las propuestas de filosofía política y de concreción jurídica de los derechos humanos provocaron reacciones de oposición entre quienes veían amenazado su poder. La monarquía y la aristocracia defendían sus privilegios y rechazaban la idea de libertad e igualdad natural de todos los hombres. Las iglesias hegemónicas protegían la 'religión verdadera' frente a la libertad de conciencia y religiosa que admitía el agnosticismo y el culto de las confesiones minoritarias. La naciente burguesía protegía sus intereses de clase eliminando los incipientes de-

rechos sociales que, si bien guardaban absoluta
coherencia con los discursos revolucionarios, li-
mitaban el alcance de la ambición individualista liberal. El mismo patriarcado revolucionario
se horrorizaba con la idea de que las mujeres
fueran, al igual que los hombres, sujetos de los
derechos naturales, inalienables e imprescriptibles que Goethe definió como «la libertad em-
briagadora y la hermosa igualdad a partir de las
cuales cada cual podía vivir por sí mismo». Los
derechos humanos, vistos desde las diferentes
orillas conservadoras como discursos peligrosamente subversivos, comparecían en realidad
como la respuesta a situaciones de injusticia sistemáticas, culturales y petrificadas, que solo po-
dían ser revertidas con la potencia de la razón,
con la indignación activa y con la lucha por los
derechos. En realidad, el mismo esquema que se
aplica en la actualidad.

La consagración de los derechos humanos de
corte liberal e individualista en las primeras de-

claraciones y constituciones, dirigidos a reconocer la libertad, la propiedad y la igualdad formal de las personas, constituyó sin duda un avance respecto de la situación anterior. Sin embargo, a lo largo del siglo XIX y en la primera parte del siglo XX se puso de manifiesto que ese avance solo beneficiaba a un grupo revolucionario minoritario, a la burguesía masculina. Los derechos reconocidos resultaban claramente insuficientes para garantizar un *status* digno para todas las personas, y la igualdad formal no hacía sino acrecentar las desigualdades entre los individuos.

El desarrollo del **movimiento obrero** vinculado a los procesos de industrialización fue el motor básico para que las viejas libertades públicas se completaran con el reconocimiento de nuevos derechos, primero ampliando los derechos políticos —el de sufragio, el de asociación, el derecho a la huelga—, y luego extendiendo el catálogo con los de carácter económico, social y cultural, cuya finalidad era precisamente superar las insuficiencias del primigenio modelo liberal. Las Constituciones mexicana de 1917, la alemana de Weimar de 1919 o la española de la Segunda República, de 1931, acogieron este segundo bloque de derechos sociales —a la salud, a la educación, al trabajo, a una vivienda digna— calificados como de "segunda generación".

En relación con las mujeres, el movimiento sufragista —con origen en EEUU a mediados del XIX y con fuerte implantación en el Reino Unido— reivindicó de forma tenaz, primero, el derecho al sufragio femenino y, más tarde, su participación en todos los aspectos sociales y políticos: el derecho de las mujeres a recibir el mismo salario que un hombre por el mismo trabajo, el derecho a ser las tutoras legales de sus hijos, su incorporación a la carrera judicial... En 1893 Nueva Zelanda, con el empuje del **movimiento feminista** liderado por Katherine Wilson Sheppard, se convirtió en el primer país del mundo en reconocer el derecho de voto a las mujeres.

Después, la lista fue conformándose poco a poco con Finlandia (1907), Rusia (1917), Uruguay (1917), EEUU (1920), Ecuador (1927), Reino Unido (1928), España (1931)...

Todo el movimiento social y político asociado a los derechos humanos, como convicción de que la dignidad de las personas es un bien precioso que debe protegerse, produjo un **impacto global creciente durante el siglo XIX y la primera mitad del XX**. En los procesos de independencia latinoamericanos, en la abolición de la esclavitud en países como Haití (1801), Colombia (1851) y Brasil (1888), en el nacimiento del Derecho internacional humanitario (en la Conferencia de Ginebra de 1864), o en la revolución mexicana zapatista (1910). Sin embargo, esta influencia expansiva no impidió que **el colonialismo europeo** del último tercio del siglo XIX restableciera la esclavitud en África, iniciara un extractivismo atroz y llevara a cabo violaciones masivas e indiscriminadas de los derechos humanos en muchos territorios, como en el Congo bajo el reinado del belga Leopoldo II, en el Camerún alemán o en la Angola portuguesa. Tampoco impidió la Primera Guerra Mundial, ni la llegada del **fascismo**, el **nazismo** y las **dictaduras comunistas**.

Este último contexto ha producido a su vez el último gran paso histórico que los derechos humanos han experimentado hasta hoy: su **internacionalización**. En rigor, puede decirse que en la actualidad los derechos humanos son una propuesta de código de validez universal que surge históricamente tras la Segunda Guerra Mundial, como respuesta a las atrocidades del nazismo. Es el 'derecho a tener derechos' que propugna Hanna Arendt en *Los orígenes del totalitarismo.* El horror causado por el Holocausto nazi en los campos de concentración (Auschwitz, Treblinka, Majdanek, Chelmno) jugó un papel fundamental en la adopción por la Asamblea General de Naciones Unidas, en

1948, de la Declaración Universal de los Derechos Humanos. Esta, más su desarrollo jurídico a través de la aprobación en 1966 de los Pactos de Nueva York, da lugar al período de mayor expansión y auge de los derechos humanos hasta el día de hoy. Con importantes matices.

En los capítulos siguientes nos ocuparemos de cómo se ha tratado, desde entonces, de proteger y dar eficacia al reconocimiento de los derechos y cuáles son los problemas y retos que estos afrontan en la actualidad. Antes, acerquémonos al debate sobre su fundamentación y su pretendido carácter universal.

2. FUNDAMENTO Y FINALIDAD DE LOS DERECHOS HUMANOS. ¿POR QUÉ Y PARA QUÉ?

Es conocida la idea de Bobbio según la cual el problema básico de los derechos humanos es el de su protección y no el de su justificación.

Si así fuera resultaría que la resolución de esa cuestión esencial quedaría para los juristas, pues a ellos corresponde el estudio de las garantías de los derechos, mientras que el debate sobre su fundamento, atribuido a los filósofos, adoptaría un perfil secundario.

En un mundo en el que, a pesar del reconocimiento por el Derecho Internacional y por las constituciones estatales, los derechos humanos son violados sistemáticamente, es comprensible que, tras una primera ilusión en torno a la fuerza de la razón como principal instrumento para su aplicación, se prefiera hacer hincapié en su protección efectiva. Pero lo cierto es que no resulta fácil desligar la justificación de los derechos del sistema que debe garantizarlos, por lo que probablemente lo más sensato sea admitir que la importancia de la eficacia (las garantías) no debería desplazar la del sustrato ideológico que está presente en el discurso de los derechos humanos.

Dicho de otro modo, ambas miradas —fundamentación y eficacia— se retroalimentan y tienen incidencia práctica. No hay más que recordar el modo en que se protegen los derechos humanos desde planteamientos neoliberales y socialistas para advertir que su justificación trasciende más allá de la teoría sobre su razón de ser. Por lo demás, ante la reiterada, general y convenientemente 'justificada' violación de los derechos humanos por parte de los agresores en todas las partes del mundo, parece lógico defender que, al mismo tiempo que se articulan mecanismos de protección, también se siga argumentando a favor de aquéllos.

En el Capítulo Tercero hablaremos de esa protección —de las garantías y la efectividad de los derechos—, mientras que en este dedicaremos unas líneas a su porqué, a su razón de ser, a las distintas fundamentaciones que se han propuesto para justificarlos. Con ello quizás nos acerquemos un poco más a su *esencia*, pero sobre todo lo haremos a la naturaleza de los seres humanos, que muestran a través de esas justificaciones la pluralidad de planteamientos, pensamientos y argumentaciones con la que hombres y mujeres tratan de comprender el mundo y comprenderse a sí mismos.

Lo que es claro es que **no hay una única *razón de ser* de los derechos humanos**. Solo con repasar las profundas diferencias que ofrecen los presupuestos filosóficos o ideológicos que subyacen al estatuto de los derechos y libertades en los diferentes sistemas políticos se comprueba que difícilmente cabe llegar a un fundamento común y generalmente aceptado. Ni siquiera existe un acuerdo en la tipología y denominación de las teorías que fundamentan los derechos humanos. En lo que sigue se expondrá una panorámica flexible —obligatoriamente superficial e incompleta y en consecuencia deudora de múltiples matices— que permita hacernos una idea básica del conjunto de planteamientos, hipótesis y aproximaciones a la razón de ser de los derechos humanos. Con dos decisiones de inicio.

La primera es que la exposición va a partir de la edad moderna (siglos XVII — XVIII), pues es el momento en el que aparece la noción de derechos naturales —aportación del denominado iusnaturalismo racionalista— como antecedente inmediato del concepto de derechos humanos.

La segunda es que se adopta la idea de Macpherson —en *Los derechos naturales en Hobbes y en Locke*—, según la cual toda doctrina de los derechos humanos constituye en realidad una doctrina de los derechos naturales, es decir, derechos que se derivan directamente de la naturaleza del hombre (de sus intereses, de sus capacidades, de sus necesidades...) considerados previa e independientemente de su hipotético reconocimiento legal. La 'cara B' de esta idea es asumir (y hay que hacerlo de forma matizada) que la doctrina de los derechos positivos —si hablamos de un iuspositivismo radical en su *realismo* y *relativismo*— 'no puede' (renuncia a) *fundamentar* los derechos humanos. En este caso su *justificación* vendría dada por el hecho positivo de su legalidad, no por constituir un valor independiente de ella.

A partir de estas premisas puede proponerse que la fundamentación de los derechos humanos se divide entre:

— Quienes postulan que existe un orden de valores y reglas que poseen una validez objetiva, absoluta y universal; un orden ajeno e independiente a la experiencia y la razón de las personas.

— Quienes defienden que ese orden de valores tiene como fuente la autonomía humana —la percepción subjetiva de las personas—, y la razón como fuente de conocimiento y actuación de esos valores.

— Quienes entienden que la fundamentación más adecuada de los derechos humanos viene dada por una combinación de las dos posiciones anteriores.

La **primera fundamentación** de los derechos humanos —*iusnaturalista y objetivista*— nos dice que estos no vienen determinados o conocidos por la razón, sino por la intuición de una evidencia: son derechos intrínsecos a la naturaleza humana, a la cual desarrollan. Esta, por su parte, es mayoritariamente entendida como una noción metafísica — teológica, es decir religiosa, no explicable o cognoscible desde la experiencia (en ese sentido es objetiva y no subjetiva). Desde esta perspectiva los valores que reflejan los derechos humanos son siempre los mismos, lo que varía es la capacidad del hombre —en la historia y en su espacio cultural concreto— para conocerlos.

Históricamente, la Declaración de Independencia de los Estados Unidos de América (1776) obedece a este planteamiento, pues considera *verdades evidentes* que los hombres son iguales por naturaleza, que han sido dotados *por su Creador* de derechos inalienables, y que precisamente para asegurar el goce de esos derechos se establecen los gobiernos. La Declaración, redactada por Thomas Jefferson y deudora directa de Pufendorf y Locke, reconoce la igualdad, la vida, la libertad, la propiedad y la búsqueda de la felicidad, aunque no pudo mantener el párrafo que en su primera versión condenaba la esclavitud.

El problema de las tesis comprendidas en este primer marco de justificación es que difícilmente pueden universalizar la fundamentación que postulan, pues no encuentran partidarios entre quienes rechazan la trascendencia religiosa o, simplemente, prefieren una argumentación racional de una realidad —los derechos humanos— que es radicalmente humana.

La **segunda fundamentación iusnaturalista** —de carácter *subjetivo* y la que más impacto ha tenido en las teorías modernas de los derechos humanos— atribuye a **la autonomía humana** la condición de fuente de los valores. Los derechos humanos se explican entonces porque las personas, en uso de su razón, toman conciencia de su dignidad, su igualdad y su libertad; es decir, toman conciencia porque estos sí son valores accesibles al conocimiento racional. Como en el caso anterior, esos derechos naturales e inalienables son anteriores y superiores al Derecho positivo.

Este planteamiento está en la base de la Declaración de los Derechos del Hombre y el Ciudadano (1789) —la cual insiste, en la línea de su homóloga americana, en que «los hombres nacen y permanecen libres e iguales en derechos»— y en el constitucionalismo liberal de finales del siglo XVIII y del XIX. Sin embargo, en este caso ese estatus del ser humano no se vincula al deseo de un dios Creador sino a la razón de los hombres; eso sí, a los hombres individualmente considerados.

Desde este enfoque individualista los valores libertad e igualdad —y los derechos asociados a ellos— aparecen en tensión, cuando no como contrapuestos. De entre ellos, es la libertad la que se escoge como bien superior, pues se entiende que la búsqueda de la igualdad pone en peligro la libertad y, en cambio, sin esta la igualdad no puede existir.

Ya en nuestra época, este marco liberal ha dado cobijo tanto a posiciones *progresistas*, en autores como Rawls —*Teoría de la Justicia*— y Dworkin —*Los derechos tomados en serio*—, como *conservadoras*, por ejemplo la de Nozick —*Anarquía, Estado y utopía*. En las primeras la idea de igualdad encuentra un espacio, en las segundas no. Entre estas, en el extremo de la posición neoliberal, encontramos economistas como Hayek —*El orden político de una sociedad Libre*— o los Friedman —*Libertad de elegir*—, quienes rechazan radicalmente el intervencionismo o la distribución de bienes por parte del Estado, por ser la justicia social un espejismo que conduce al camino de la servidumbre. Los derechos humanos —entes esencialmente económicos— serían en consecuencia la vida, la propiedad privada, las relaciones contractuales y las libertades individuales, y los derechos sociales como la educación, el trabajo no precario, la protección de la salud o la vivienda digna aparecerían como contrarios o limitadores de libertades como la enseñanza, la empresa o el libre ejercicio de la medicina, quedando por lo tanto necesariamente sometidos a ellas.

La **tercera opción** —*intersubjetiva* la denomina Pérez Luño— entiende, por una parte, que la fundamentación de los derechos humanos no puede olvidar las **condiciones antropológicas de los sujetos** para los que se formulan esos derechos, pero afirma, de otra, que es posible formular o decantar de forma objetiva un **consenso de valores comunes**. Una cierta objetividad en la concreción de lo justo frente a lo injusto, coherente con una concepción unitaria del ser humano (comunidad de órganos y fisiología, de emociones, de necesidades básicas y, en definitiva, de respuestas morales). Estos valores serían válidos, en la propuesta de Habermas —*Teoría de la acción comunicativa*—, si tras una actuación comunicativa racional resultan idóneos para lograr un entendimiento intersubjetivo.

Esta posición, deudora entre otros de Heller y Marx, se relaciona muy directamente con la cuestión de la legitimación jurídico — política del poder y las normas que regulan la acción social, pues propone una superación del iusnaturalismo individualista que rechaza la justicia social y sitúa en un plano inferior el problema de la desigualdad. Es decir, contrariamente a la limitación de este, plantea una constitución integral que dé respuesta a intereses y exigencias plurales, que atienda a necesidades generalizables cuyo valor va más allá de lo económico y que, por ello, esté en condiciones de concitar un *acuerdo* universal.

De modo que, frente al objetivismo que postula una serie de valores y derechos sin tener en cuenta la experiencia de las personas, se revaloriza el papel de estas para identificar los valores ético-jurídicos (necesidades básicas e intereses) que les atañen. Y frente al individualismo subjetivo que reivindica la autonomía humana como fuente de todos los valores, se reivindica la posibilidad de postular un acuerdo general, completo, que objetivice esos valores. Se pretende con ello conjugar las contingencias individuales con las características esenciales de la naturaleza humana. El Estado Social de Derecho, que incorpora derechos de libertad y derechos de carácter social, es el modelo que responde a este planteamiento.

Antes de cerrar este epígrafe resulta obligatorio recordar que ninguna de las fundamentaciones descritas (tan brevemente) completa la pluralidad de teorías que podría encajarse en ellas, que ninguna de ellas se circunscribe solo (ni de lejos) a los argumentos y los autores citados, y que la opción escogida para explicarlas es una entre otras posibles e igualmente aceptables. Por otra parte, y siempre en relación con la razón de ser de los derechos, resulta apropiada la idea de Bobbio según la cual no se trata de encontrar el fundamento absoluto de los derechos humanos (lo que sería una empresa imposible) sino, de una parte, comprender los diversos fundamentos posibles que nos hablan de la pluralidad esencial de los grupos humanos y los individuos y, de otra, buscar y proponer una base mínima racional para explicar su razón de ser.

En cualquier caso, más allá de la búsqueda de fundamento para los derechos humanos, o íntimamente relacionado con la legitimidad de esa búsqueda, se encuentra la vinculación de estos con los sujetos que son sus titulares. Si quienes se ocupan de formular teorías sobre los derechos no responden a cuáles han de ser **las condiciones materiales y culturales de la existencia con dignidad de las personas**, demostrarán la incapacidad —por inutilidad— de su empeño. Si, por el contrario, su acercamiento no orilla el estudio de las condiciones, de los medios y de las situaciones en que los derechos —los civiles, los políticos, los económicos, los sociales, los culturales...— pueden realizarse, el intento no será en vano. Es la aproximación que mejor encaja con la tercera opción descrita, y es esta dirección la que señala la Declaración y Programa de Acción de Viena (1993) cuando establece que

"[todos] los derechos humanos son universales, indivisibles e interdependientes y están relacio-

nados entre sí. La comunidad internacional debe tratar los derechos humanos en forma global y de manera justa y equitativa, en pie de igualdad y dándoles a todos el mismo peso".

En último término, resulta difícil hablar del porqué y del para qué de los derechos si no abordamos también el cómo, es decir su efectividad, así que a ello será dedicado el Capítulo Tercero. Antes, veamos si es posible y en qué medida hablar de los derechos humanos como derechos universales, es decir, si es que cabe hablar de ellos como instrumentos para todas las personas, para todos los lugares y en todas las épocas.

Capítulo Segundo
La universalidad
de los derechos humanos

1. QUIÉN, CUÁNDO Y DÓNDE: ¿PUEDEN SER UNIVERSALES LOS DERECHOS HUMANOS?

La Declaración Universal de los Derechos Humanos proclama en su artículo 1 que "todos *los seres humanos nacen libres e iguales*". En un principio, la razón y el sentido común nos llevan a pensar que los derechos humanos —la base de la dignidad de las personas— deben pertenecer por igual a todos los individuos, y que cualquier otra circunstancia debe ser secundaria a esta convicción. Parece difícil rechazar la idea que afirma que cualquier persona posee la dignidad y los derechos que han de dar sentido a su existencia. De eso hablamos cuando hablamos de la universalidad de los derechos humanos.

La teoría universalista de los derechos defiende que **todos los seres humanos** son agentes morales que forman parte de una ética común y general, desvinculada de moralidades locales y escenarios concretos. Esta es la perspectiva de la razón, la que se pregunta quiénes son los sujetos de los derechos humanos y responde que todas las personas lo son. La universalidad también nos dice que los derechos humanos tienen validez **en todos los tiempos,** que están por encima de la historia. Es la perspectiva temporal, la que se pregunta cuándo son de aplicación, y la que responde que siempre, que en todo momento. Por último, la universalidad afirma que los derechos humanos lo son para todas las sociedades, en cualquier lugar de la Tierra. Es la mirada que se pregunta dónde son de aplicación los derechos humanos, respondiendo, con palabras de

Tocqueville en *La democracia en América*, que la Declaración de los Derechos del Hombre y el Ciudadano no tiene territorio propio, sino que su efecto ha sido el de borrar todas las fronteras, creando una patria intelectual común «donde los hombres de todas las naciones han podido convertirse en ciudadanos». Es decir, **en cualquier lugar**.

Sin embargo, «la tesis de la universalidad de los derechos es una empresa desesperada», nos dice De Lucas. Y con razón, porque no solo son numerosas las teorías que la impugnan, sino porque ni siquiera la realidad cotidiana, trufada desde siempre y en todo lugar de guerras brutales y de violaciones sistemáticas de derechos, se corresponde con esa idea de totalidad.

Efectivamente, la universalidad de los derechos se enfrenta en primer lugar al hecho de que no fue hasta 1948 que la igualdad y la libertad se proclamaron como aspiraciones y principios aplicables para todos los seres humanos. Es decir, **la verdadera universalidad de los derechos humanos** (la que incluye a mujeres, a minorías raciales, a personas con discapacidad, a niños y niñas...) **no aparece hasta época reciente** y, además, no aparece sino como deseo, como ideal regulativo si se quiere irrenunciable, pero lejos todavía de su realización.

De hecho, un crítica al universalismo aparece al comprobar que, a pesar de que los derechos humanos se reconocen a todas las personas, la realidad nos demuestra que parecen especialmente pensados para hombres, blancos, heterosexuales, de mediana edad, sin discapacidades ni enfermedades, con dinero y residencia preferentemente en zonas urbanas. Como se verá en el siguiente epígrafe, esta mirada crítica sobre la universalidad ha dado lugar a lo que Bobbio denomina —en *Los derechos en serio*— especificación de los derechos. Una corriente que, en el fondo, busca afirmar y dar eficacia a la idea de universalidad.

Pero además de este 'baño de realidad', la tesis universalista de los derechos humanos ha encontrado críticas teóricas con argumentos más o menos sólidos. Entre ellas destaca la que procede del **comunitarismo**. Como dice Santiago Nino —en *Ética y derechos humanos*— «fatalmente el espíritu de Kant tenía que enfrentarse al fantasma de Hegel». El comunitarismo acusaba al universalismo (esencialmente liberal y objetivo) de sustraer al individuo de sus vínculos y circunstancias locales, concibiéndolos como egos descontextualizados cuya historia, deseos y proyectos serían irrelevantes. En oposición a él, autores como Charles Taylor —en *Fuentes del Yo*— afirma que el comunitarismo prefiere las virtudes personales, los ideales de una vida buena y los compromisos personales por encima de los principios universales, las obligaciones morales y la imparcialidad hacia los demás.

Por su parte, la **crítica historicista** — Spengler, en *La decadencia de Occidente*— y más tarde las **posiciones relativistas** —Foucault, en *Las palabras y las cosas*— subrayarán que, si bien las ideas de *humanidad* y *universalidad* nacen en una época (siglos XVIII — XIX) y en un lugar (Europa) muy concretos, pretender superar ambos hechos con la ilusión de validez para todas las épocas y en todos los territorios carece de sentido. «Ninguna fracción de la humanidad dispone de fórmulas aplicables al conjunto», afirmará el antropólogo Levy Strauss en *Tristes Trópicos*, y diversos autores denunciarán que, en realidad, el universalismo de los derechos esconde un factor político de poder y de exportación de modelos de convivencia, una suerte de imperialismo cultural útil para justificar la intervención de potencias hegemónicas en países menos desarrollados.

Finalmente, desde el **positivismo** —«la crítica más antigua de todas pero la más viva», señala Peces-Barba— se recuerda al universalismo iusnaturalista que la única manera en que los derechos humanos pasen a ser efectivos es su incorporación al Derecho positivo, pues una cosa es la Moral y otra el Derecho. Y la crítica realista, directamente relacionada con esta posición, incidirá en que no hay más que echar una mirada a los diferentes rincones del mundo para comprobar que la sola enunciación de los derechos como universales no los convierte en tales, sino que solo su reconocimiento y protección como derechos fundamentales en las constituciones estatales puede garantizarlos y darles así sentido.

De modo que sí, la idea de la universalidad de los derechos humanos es una empresa desesperada; sin embargo, su propósito quizás no resulte ni inútil ni imposible si se admiten en ella matices y correcciones. Es cierto que difícilmente puede objetarse el hecho de que la sola contemplación de la realidad anula la universalidad de los derechos, ni que el tiempo histórico y el lugar concreto de los individuos definen la particularidad de esos derechos, ni que existe una diversidad, una pluralidad multicultural que expresa identidades que no se corresponden con la totalidad objetiva de los valores pretendida por la Ilustración. Sin embargo, tampoco resulta fácil rechazar la idea de que los valores de la igualdad y la libertad asociados a la realización de la dignidad humana han estado presentes en las aspiraciones que los seres humanos han albergado en todo tiempo y en todo lugar. Que el ser humano desea que su vida sea respetada, que su integridad física y psíquica no sea dañada, poder desarrollar sus pensamientos, su espiritualidad y su cultura sin presiones ni castigos, tener un lugar donde habitar dignamente con quien desee compartir la vida... es decir, desarrollarse como persona única y diversa, sola y acompañada. Parece difícil negar, aunque sea intuitivamente, que todo ello forma parte de un deseo común. Cómo combinar y encajar esta contradicción entre lo universal, lo histórico y lo particular está —quizás— en la base del universalismo posible.

2. LO UNIVERSAL EN LO PARTICULAR

La de los derechos humanos no es la historia del descubrimiento de una especie de gen específico que se encontraba en el cuerpo humano, sino la historia de su conquista y su ampliación a través de la lucha. De este modo puede decirse que, en la medida en que se ha ido reconociendo el valor de aspectos relevantes de la vida de las personas, los derechos han ido incorporando 'más humanidad' a su titularidad y han ido experimentando, en consecuencia, una creciente 'universalización'.

Derechos civiles y políticos primero, derechos económicos, sociales y culturales, después. Varones y mujeres, blancos, negros y de cualquier etnia, niños, jóvenes, adultos y ancianos, con o sin discapacidad, nacionales y extranjeros, sanos y enfermos, ricos y pobres, heterosexuales, homosexuales y transexuales, urbanos y rurales... La aún inacabada pero creciente inclusión e integración de todas las posibilidades del ser humano —igualmente digno en cualquiera de ellas— en el reconocimiento de los derechos nos acerca a lo que podríamos denominar como un *universalismo básico* y *situado* (y en esta medida en movimiento, evolucionando, es decir cambiante), que quizás sea el universalismo posible. Este podría plantearse del siguiente modo:

— Como punto de partida, este universalismo incorporaría como **valores de consenso** los derechos recogidos en la Carta Internacional de los Derechos Humanos, es decir en la Declaración Universal de 1948 y en los dos Pactos de Nueva York, de 1966.

De este modo, la *moralidad básica* aceptada generalmente no solo sustentaría los derechos civiles y políticos, sino también los derechos económicos, sociales y culturales. Sería una moralidad de libertades individuales y una moralidad de igualdad en la protección de necesidades básicas. Una moralidad que se tomaría en serio la indivisibilidad e interdependencia de todos los derechos.

— En segundo lugar, practicaría el reconocimiento explícito de todas aquellas personas y grupos de individuos que en el mundo real suelen quedar fuera de la *universalidad* de los derechos humanos.

Bobbio ha denominado *proceso de especificación* a la sucesión de reconocimientos explícitos de todas aquellas personas y grupos de individuos que por diversas razones (físicas, económicas, culturales, administrativas...) suelen quedar fuera de la universalidad real (con garantías) de los derechos humanos. Este proceso consiste, de una parte, en la singularización de aquellos titulares de derechos que, a la hora de la verdad, se encuentran en situación de inferioridad respecto del resto de individuos y, de otra, en trabajar en su favor desde la perspectiva o el enfoque de los derechos humanos.

Como se verá en el capítulo dedicado a la eficacia de los derechos humanos, este proceso de reconocimiento ha dado lugar a convenciones específicas, como las dirigidas a la eliminación de la discriminación racial y de la discriminación contra la mujer, así como a las convenciones de los trabajadores migrantes y sus familias, de los derechos del niño y de las personas con discapacidad. Es el mismo proceso que en la actualidad debate la oportunidad de incorporar una nueva convención internacional sobre la protección de los derechos humanos de las personas mayores.

Si nos fijamos bien, no hay un cambio de fondo. Se trata más bien de una estrategia para superar la idea de que afirmar que los derechos humanos son universales resulta suficiente para que todas las personas los disfruten (la denominada 'falacia del universalismo'). Es evidente que hay grupos que, por diferentes motivos y de modo sistemático, quedan fuera de la eficacia de los derechos, de modo que, de nuevo, si nos tomamos los derechos en serio, habrá que dar con el sistema para que estos sean efectivamente ciertos y concretos para todas las personas. De ahí que la manera de llegar a lo universal será prestando atención y apoyo a lo particular olvidado, o dicho de otro modo, trabajando (también) en lo concreto en su contexto.

— Después, el universalismo incorporaría ese **principio de igualdad material y no discriminación** tanto en su defensa teórica como en la aspiración de convertirse y aplicarse como norma jurídica.

El principio de igualdad real aparece entonces como un elemento central del universalismo. Y con él la justicia y los derechos sociales,
así como el apoyo a quienes se encuentren en
situación de inferioridad y vulnerabilidad. No
se trata de homogeneizar al ser humano, sino
de procurar que este tenga igual derecho a los
derechos —civiles, políticos, económicos, sociales y culturales—, y que sus necesidades básicas
estén atendidas, sea cual sea su identidad, diversidad o diferencia.

Se trata sin duda de una igualdad compleja,
que entiende la pluralidad social y las diferencias individuales, porque las reconoce y no las
desprecia, que primero dialoga con ellas y después establece su perímetro de acción.

— Por último, el universalismo de los derechos humanos abrazaría —con pru-
dencia y límites— la heterogeneidad
que nace de **un mundo inequívocamente**

plural y diverso en lo cultural, además de en otras manifestaciones.

Este es un punto especialmente importante, difícil y delicado. De entre las muchas preguntas que surgen sobre la cuestión de la diversidad hay una que sin duda destaca: ¿Es posible predicar la universalidad en sociedades multiculturales, en espacios donde coexisten personas y grupos con tradiciones e identidades diferentes? De otro modo: ¿Cómo encajan en este marco las minorías culturales —lingüísticas, religiosas, nacionales, étnicas...— y las pretensiones de reconocimiento público de su tradición o identidad?

Partiendo de que la diversidad cultural no implica justificación de la discriminación de las minorías, pero tampoco aceptación de un relativismo que permita la violación de los derechos humanos, parece recomendable para la salida universalista la opción de profundizar en las exigencias del pluralismo (a partir de su voz, su posición social y su capacidad de negociación en condiciones aceptables) con el límite de los derechos humanos reconocidos de forma objetiva en la Carta, la que muestra el sistema de valores comunmente reconocido.

Se trataría de plantear, en definitiva, un universalismo abstracto pero situado, general pero atento a lo particular discriminado, teórico pero práctico, convencido de que la autonomía (de todos) solo es posible desde la comprensión del individuo como ser social, por lo tanto desde una visión también colectiva. Un universalismo en evolución, con conciencia de estar en movimiento, de ser historia en marcha, siempre inacabada, un universalismo de salida y de llegada, en la que los derechos humanos son a la vez conquista y aspiración.

Capítulo Tercero

La eficacia de los derechos humanos. ¿Cómo se realizan?

Una de las cuestiones recurrentes en torno a la idea de los derechos humanos es la relativa a su protección, a su realización y su eficacia. Dicho de forma directa, de poco nos sirve que los derechos queden formulados teóricamente si después no comparecen en la práctica, es decir en la vida cotidiana. Los derechos humanos necesitan teoría, sin duda, pero aquieren vida (o no) en la realidad.

Dar vida a los derechos humanos significa procurar su conocimiento, su respeto y su promoción entre los individuos, así como prever mecanismos para reclamarlos en el caso de encontrarse en peligro o haber sido violados. Estos instrumentos pueden agruparse en **varios planos de realización,** entre los que destacan el jurídico, el sociológico y el político. En el primero se encuentran los intrumentos **normativos** —internacionales y nacionales— que reconocen y definen los derechos humanos, determinan los responsables de su protección y las garantías y herramientas para activarla. El plano **sociológico** asienta su mirada sobre la ciudadanía, que debe ser consciente de su valor y su posición frente al poder, una posición determinada precisamente por la calidad de sus derechos. En el plano **político** se combinan dos ámbitos: el primero está formado por las condiciones —políticas y económicas— que definen el marco democrático en que se han de realizar los derechos; el segundo son las concretas políticas públicas que las instituciones activan para protegerlos y hacerlos efectivos. En los epígrafes siguientes se van ofrecen algunas notas que definen las arquitecturas con que, en estos planos, se procura la realización de los derechos humanos.

1. CON LAS NORMAS JURÍDICAS

Los Estados han construido diferentes sistemas jurídicos de protección de los derechos humanos, en diferentes ámbitos: el denominado 'Sistema Universal' de Naciones Unidas, que afecta a sus 193 Estados miembros, los 'Sistemas Regionales' de protección, que coinciden con los continentes (hasta ahora con tres de ellos), y las normas nacionales previstas en los ordenamientos jurídicos de los diferentes Estados.

- En cuanto al **Sistema Universal**, se denomina así al conjunto de mecanismos previstos en el marco de la ONU para la protección de los derechos humanos. Son mecanismos de dos tipos, convencionales y no convencionales.

Los convencionales están constituidos por la Declaración Universal de los Derechos Humanos y por las convenciones o tratados específicos aprobados en el seno de la Organización, los cuales incorporan los órganos (Comités) supervisores de su cumplimiento por parte de los Estados. Son los siguientes documentos:

— Declaración Universal de los Derechos Humanos, de 1948.

— Convención Internacional sobre la Eliminación de todas las Formas de Discriminación Racial, de 1965. Crea el Comité para la Eliminación de la Discriminación Racial.

— Pacto Internacional de Derechos Civiles y Políticos, de 1966. Crea el Comité de Derechos Humanos.

— Pacto Internacional de Derechos Económicos, Sociales y Culturales, de 1966.

Crea el Comité de Derechos Económicos, Sociales y Culturales.

— Convención sobre la Eliminación de Todas las Formas de Discriminación Contra la Mujer, de 1979. Crea el Comité para la Eliminación de la Discriminación Contra la Mujer.

— Convención contra la Tortura y Otros Tratos o Penas Crueles, Inhumanos o Degradantes, de 1984. Crea el Comité contra la Tortura.

— Convención de los Derechos del Niño, de 1989. Crea el Comité de los Derechos del Niño.

— Convención Internacional sobre la Protección de los Derechos de Todos los Trabajadores Migratorios y de sus Familiares, de 1990. Crea el Comité de Protección de los Derechos de Todos los

Trabajadores Migratorios y de sus Familiares.

— Convención Internacional para la Protección de todas las Personas contra las Desapariciones Forzadas, de 2006. Crea el Comité contra la Desapariciones Forzadas.

— Convención sobre los Derechos de las Personas con Discapacidad, de 2006. Crea el Comité sobre los Derechos de las Personas con Discapacidad.

Este conjunto de instrumentos viene a ser la traducción convencional (por lo tanto jurídica) de la DUDH. Si se mira con perspectiva, primero los Pactos de Nueva York y después las convenciones temáticas son en realidad crecientes especificaciones de la Declaración, precisando primero los derechos civiles y políticos, después los económicos, sociales y culturales, y más tarde (y hasta la actualidad) señalando problemas especialmente graves (la tortura, las desapariciones forzadas) y grupos sensibles a la vulnerabilidad.

Son mecanismos no convencionales el Consejo de Derechos Humanos y los denominados Procedimientos Especiales. El Consejo es un organismo intergubernamental (siempre en el marco de la ONU), compuesto por 47 Estados, cuya función es la promoción y protección de todos los derechos humanos en todo el mundo. Se compone del Grupo de Trabajo del Examen Periódico Universal (EPU), que revisa por países sus avances y desafíos en materia de derechos humanos. Y del Comité Asesor, formado por expertos que proporcionan información especializada. Atiende además un 'procedimiento de denuncia', de comunicación confidencial por personas, grupos u organizaciones no gubernamentales que aleguen ser víctimas de violaciones de derechos humanos o que tengan conocimiento directo y fehaciente de tales violaciones.

En cuanto a los Procedimientos Especiales, son mecanismos destinados a informar y asesorar sobre derechos humanos —civiles, culturales, económicos, políticos y sociales— desde una perspectiva temática (a nivel mundial) o de país. Son mandatos que pueden organizarse a través de relatores especiales, de expertos independientes o de grupos de trabajo.

- En el **ámbito europeo** conviven dos sistemas de protección de los derechos humanos, el del Consejo de Europa y el que emana del ordenamiento jurídico comunitario, de la Unión Europea (UE).

El **Consejo de Europa** es una organización internacional fundada en 1949 con la finalidad de fortalecer la democracia, el Estado de Derecho y los derechos humanos en el espacio europeo. Desde entonces ha conseguido crear un territorio jurídico de 46 Estados implicados en la realización de sus objetivos. Su instrumento fundamental de trabajo es el Convenio para la Protección de los Derechos Humanos y de las Libertades Fundamentales (conocido habitualmente como Convenio Europeo de Derechos Humanos), aprobado en 1950, así como sus protocolos adicionales, que han ido añadiendo el reconocimiento de derechos inicialmente no previstos (por ejemplo, en el Protocolo núm.6, de 1983, la abolición de la pena de muerte en tiempos de paz). La aplicación del Convenio viene encomendada al Tribunal Europeo de Derechos Humanos, con sede en Estrasburgo, cuyas sentencias son de obligado cumplimiento para los Estados miembros y cuya jurisprudencia —sobre prohibición de la tortura, derecho a la seguridad, libertad de expresión, intimidad personal y familiar, proceso equitativo, libertad de conciencia y religiosa...— se integra en sus ordenamientos jurídicos.

En 1961 se aprobó la Carta Social Europea (revisada en 1996), que completó con derechos económicos y sociales los previstos en el Convenio. Derechos vinculados al mundo laboral, el derecho a la salud, a la protección contra la pobreza y la exclusión social o el derecho a la vivienda se incluyen en este tratado, siendo monitoreados por el Comité Europeo de Derechos Sociales.

La lucha contra la tortura, la inteligencia artificial, la biomedicina, la trata de personas, el racismo y la intolerancia, las lenguas minoritarias, los derechos de las personas migrantes son, entre otros, temas en los que el Consejo de Europa trabaja para promover y proteger los derechos humanos.

Por su parte la **Unión Europea**, cuyo origen tenía como objetivo la integración económica de sus Estados miembros, no contó con una Carta de los Derechos Fundamentales vinculante hasta 2009 (con la entrada en vigor del Tratado de Lisboa). Desde entonces, lo derechos contenidos en ella son vinculantes para las instituciones, los organismos de la UE y también para los Estados miembros cuando estén aplicando el Derecho comunitario. Antes de la Carta, los instrumentos del protección de los derechos humanos han venido determinados por cierta normativa comunitaria (contra la discriminación en distintos ámbitos, por ejemplo) y por la jurisprudencia del Tribunal de Justicia de la Unión Europea, que ha identificado los derechos fundamentales a proteger en la aplicación de dicha normativa.

La UE proclama institucionalmente su compromiso en la promoción y protección de los derechos humanos, la democracia y el Estado de Derecho tanto en sus fronteras como en el resto del mundo. Sin embargo, planteamientos y decisiones como los vinculados a las políticas migratorias y posiciones de 'doble rasero' como las que definen su gestión de los conflictos actuales en Ucrania y Palestina, ponen en duda la seriedad de ese compromiso.

- El **Sistema Interamericano de Derechos Humanos** es el sistema regional de promoción y protección de los derechos humanos en América, organizado en el marco de la Organización de Estados Americanos (OEA).

Se fundamenta en la Declaración Americana de los Derechos y Deberes del Hombre, de 1948, en la Carta de la OEA del mismo año y en la Convención Americana sobre Derechos Humanos (Pacto de San José), suscrita en 1969 y vigente desde 1978.

Los instrumentos para la aplicación de la Convención son la Comisión y la Corte Interamericanas de Derechos Humanos. La Comisión, creada por la Carta de la OEA y con sede en Washington, emite informes y recomendaciones a partir de demandas individuales contra los Estados. En cuanto a la Corte Interamericana, creada por la Convención y con sede en San José de Costa Rica, es un tribunal regional de protección de los derechos humanos que, además de funciones consultivas, ejerce la función contenciosa dictando sentencias en casos presentados ante ella por la Comisión o por algún Estado. Su jurisprudencia está ejerciendo una influencia muy importante en la evolución y transformación del derecho interno de los Estados latinoamericanos.

El Sistema Interamericano cuenta además con convenciones sobre la Abolición de la Pena de Muerte, para Prevenir y Sancionar la Tortura, sobre la Desaparición Forzada de Personas, contra la Violencia hacia la Mujer ("Convención Belem do Pará"), para la Eliminación de la Discriminación contra las Personas con Discapacidad, contra el Racismo y para la protección de los Derechos de las Personas Mayores.

- El **Sistema africano de derechos humanos y de los pueblos.** Más tiempo se tomaron los Estados africanos —desde la aprobación de la DUDH— para certificar su compromiso con ella a través de un sistema regional de protección. Algo comprensible si te tiene en cuenta que la descolonización política del continente comenzó a mediados de 1950 y se prolongó hasta los años setenta.

Su origen se encuentra en la Carta Africana de los Derechos Humanos y de los Pueblos (Carta de Fanjul), aprobada en 1981 por la Asamblea de Jefes de Estado y de Gobierno de la entonces denominada Organización para la Unidad Africana, hoy Unión Africana (UA). La Carta entró en vigor en 1986.

El sistema que diseña la Carta tiene mucho que ver con la historia colonial de la región: reconoce derechos de los pueblos (a liberarse de las ataduras de la dominación colonial recurriendo a cualquier medio reconocido por la comunidad internacional, y a disponer de sus riquezas), incorpora los denominados 'derechos de tercera generación' (al desarrollo, a la paz, a un medio ambiente satisfactorio) y asume la indivisibilidad de los derechos mezclando en igual consideración los individuales con los económicos, los sociales y los culturales. También dedica un capítulo dedicado a los deberes.

La Carta crea la Comisión Africana de los Derechos Humanos de los Pueblos, para promoverlos y garantizar su protección supervisando su aplicación mediante pronunciamientos e informes. Más tarde, en 1988, el Protocolo a la Carta establecerá la Corte Africana, tribunal con competencias para aplicar la Carta de Fanjul así como cualquier otra convención ratificada por los Estados firmantes. La Corte empezó a funcionar en 2006.

En el marco del sistema africano han sido ratificadas convenciones sobre los Derechos de las Mujeres en África (Protocolo de Maputo), sobre los Derechos de las Personas con Discapacidad, sobre los Derechos de las Personas Mayores, sobre los Derechos y Bienestar del Niño, y para la Protección y la Asistencia de los Desplazados (Convención de Kampala).

- A pesar de albergar a las dos terceras partes de la población mundial, **la región de Asia y el Pacífico** es la única que no dispone actualmente de un sistema regional de protección de los derechos humanos.

Con ocasión del 75 Aniversario de la DUDH (en 2023), el Alto Comisionado de las Naciones Unidas para los Derechos Humanos animaba a los asistentes al Diálogo Regional de Asia y Pacífico a impulsar un nuevo sistema regional de protección, el cuarto a nivel mundial, algo que se antoja todavía lejano. Desde 2009 existe en el marco de la ASEAN (Asociación de Naciones del Sudeste Asiático, creada en 1967 para favorecer el desarrollo regional y formada por 10 países), una Comisión Intergubernamental de Derechos Humanos.

- Finalmente, las **constituciones nacionales,** al recoger en sus textos positivos los derechos humanos, 'convierten' estos en derechos fundamentales, susceptibles de ser desarrollados y aplicados en los Estados.

En efecto, el reconocimiento de una lista de derechos humanos en lo que suele denominarse 'parte dogmática' de las constituciones constituye uno de los elementos clave de la legitimación democrática de los Estados. Sin ese compromiso 'por escrito' no se puede aspirar a formar parte del (al menos hasta ahora) prestigioso club de los países democráticos.

De este modo, las constituciones de los Estados determinan la primera 'toma de tierra' de los derechos humanos, un hecho especialmente relevante porque, además de reconocerlos en el texto que traduce el contrato social supremo de la comunidad nacional, habitualmente contienen mecanismos jurídicos para garantizarlos. Obviamente, esta aterrizaje en la realidad cotidiana hace más compleja la gestión de los derechos, pues supone demarcar sus espacios reales a través de reglas de reparto de funciones constitucionales y de atribución de competencias. También supone —y esto es relevante— la fijación de límites a los derechos pues (salvo no ser sometido a servidumbre, esclavitud y torturas), no hay derechos absolutos. Sin embargo, es precisamente cómo se organiza esa complejidad entre los poderes del Estado —el Legislativo, el Ejecutivo y el Judicial— y cómo se lleva a cabo por los implicados —cómo se delimitan en lo concreto— la que muestra el compromiso real con los derechos humamos de cada país en cada momento.

En conclusión, para su realización los derechos humanos deben reconocerse y protegerse como 'auténticos derechos', es decir, deben incorporar la posibilidad de ser reclamados jurídicamente ante las instituciones cuando se violentan o se ponen en peligro. Los tratados internacionales de derechos humanos son el marco para su efectividad en los casos concretos. La interpretación en clave convencional de los derechos —también los derechos sociales—, es decir a su favor por encima de bienes económicos y de poder, es requisito para su protección real. Es importante subrayar esto porque en muchas ocasiones lo Estados firman las convenciones de derechos humanos, pero a la hora de la verdad son reacios (cuando no directamente refractarios) a aceptar las interpretaciones y recomendaciones que realizan los comités creados por esas mismas convenciones para supervisar su cumplimiento. Más allá del atractivo foco de imagen positiva que ofrece el momento de la ratificación de un tratado internacional, se exige el compromiso con lo firmado, es decir un comportamiento responsable de los firmantes a la hora de aplicarlo.

2. CON LA RESPONSABILIDAD DE LAS INSTITUCIONES

En las democracias que conforman los Estados de Derecho el compromiso con los derechos humanos se lleva a cabo en la labor legislativa —con leyes que protejan y promuevan los derechos—, en la labor de gobierno —a través de la gestión escrupulosa de sus conflictos y por medio de políticas públicas que los promuevan y los protejan— y en la labor judicial, priorizando la interpretación *pro libertate* en la aplicación concreta de las normas.

En efecto, el nivel del compromiso institucional quedará reflejado en el desarrollo por el **Poder Legislativo** por medio del desarrollo de leyes que regulen y protejan ámbitos vitales, como el derecho a morir dignamente, el matrimonio entre personas del mismo sexo, los derechos fundamentales de los extranjeros, el asilo, el acceso a la vivienda digna, a la educación pública, a la protección de la salud, al trabajo en condiciones favorables, la regulación de la protesta, la protección del medio ambiente y el interés por el clima. Siendo el Legislador la institución soberana de los Estados, donde se concentran y debaten las sensibilidades políticas de la sociedad, su labor pedagógica hacia la ciudadanía y en la realización normativa de los compromisos internacionales y constitucionales sobre los derechos es crucial.

También lo es el trabajo de los ejecutivos, de **los gobiernos**. De una parte, la concreción que de las leyes que desarrollan los derechos fundamentales realicen las Administraciones (en toda la pirámide gubernamental) en sus normas reglamentarias se convierte en el verdadero instrumento para la realización o el bloqueo de la efectividad de los derechos humanos. Piénsese, por ejemplo, en la burocratización extrema de los trámites de extranjería. De otra, la voluntad política de realizar los derechos humanos por medio de acciones y políticas públicas, por medio de la atribución presupuestaria que estas precisen para ser efectivas. Sin políticas públicas que remuevan los obstáculos que impiden la igualdad real de las personas no hay derechos humanos: no hay educación de calidad, ni protección de la salud, ni un hogar adecuado para los más pobres; no hay protección para las mujeres maltratadas; no hay posibilidades para las personas con discapacidad; no hay presente ni futuro digno para las personas mayores; no hay acceso a la justicia para los más vulnerables. Sin voluntad política no hay derechos humanos.

Por último, el compromiso con los derechos humanos también alcanza de modo nuclear la aplicación que **la jurisdicción ordinaria** realiza de las normas que dan vida a los derechos fundamentales. Una función judicial que interprete y aplique las leyes desde la mirada de la Declaración Universal de los Derechos Humanos, que incorpore la jurisprudencia y las directrices de los organismos internacionales para su protección (el Tribunal Europeo y la Corte Interamericana de Derechos Humanos, los diferentes comités convencionales) responde a las exigencias de los compromisos adquiridos. Por el contrario, en la medida en que los jueces, actuando con criterios políticos que perciben a los derechos como un obstáculos para el crecimiento económico o para el ejercicio cómodo del poder (gubernamental o empresarial) los apartan o limitan, incumplen su función de aplicar correctamente el Derecho.

A modo de cierre de este Capítulo sobre la realización de los derechos humanos cabe formular la pregunta: ¿**Cómo se mide** la situación o realización de los derechos humanos en el mundo?

Desde hace años existe una demanda de datos rigurosos, de criterios imparciales y objetivos —y en la medida de los posible universales—, para elaborar y aplicar indicadores estadísticos adecuados con que medir las carencias y los progresos —cuantitativos y cualitativos— de los derechos humanos. En 1993, la Conferencia Mundial sobre Derechos Humanos de Viena recomendó su uso. El resultado de las mediciones realizadas a partir de ellos ha de ser el punto de partida para la formulación y evaluación transparente de políticas dirigidas a promover la causa de los derechos humanos.

No resulta fácil (y por ello no está exento de controversias) establecer indicadores y mediciones. Sin embargo, cada una con las limitaciones que toda opción metodológica adolece, son varias las herramientas que pueden consultarse.

Así, el *Examen Periódico Universal* (EPU), instrumento del Consejo de Derechos Humanos que estipula que cada Estado Miembro de las Naciones Unidas se someta cada cuatro años y medio a un análisis de su ejecutoria en materia de derechos humanos. También el *Índice de Desarrollo Humano* (IDH), indicador creado por el Programa de las Naciones Unidas para el Desarrollo (PNUD) que, a partir de la investigación, el análisis y la presentación de datos, da a conocer el grado de progreso de cada país. Por su parte, la Oficina del Alto Comisionado para los Derechos Humanos de Naciones Unidas tiene establecido desde 2012 un marco de criterios para la elaboración de indicadores cuantitativos y cualitativos que midan el progreso en la aplicación de las normas y principios internacionales de derechos humanos. Además, existen informes rigurosos de organizaciones no gubernamentales que a nivel internacional y local analizan la situación de los derechos humanos en el mundo.

3. CON LA EDUCACIÓN EN DERECHOS HUMANOS

La Declaración Universal de 1948 afirma en su Preámbulo que "el desconocimiento y el menosprecio de los derechos humanos han originado actos de barbarie ultrajantes para la conciencia de la humanidad". Es por eso que en su artículo 26.2 establece que

> *"la educación tendrá por objeto el pleno desarrollo de la personalidad humana y el fortalecimiento del respeto a los derechos humanos y a las libertades fundamentales".*

Una ambición recogida en la Meta 4.7 del **Objetivo de Desarrollo Sostenible 4** —*Educación de Calidad*—, a saber, asegurar que todas las alumnas y alumnos adquieran el conocimiento y las habilidades necesarias para fomentar el desarrollo sostenible y ejercer los derechos humanos, la igualdad de género y la ciudadanía global.

Por su parte, el **Programa Mundial para la Educación de Derechos Humanos de Naciones Unidas y la Unesco,** de 2017, comienza así: "Para resolver gran parte de las crisis y los problemas crónicos del mundo, el primer paso consiste en ampliar y mejorar la educación en materia de derechos humanos. Desde el cambio climático hasta la pobreza, pasando por los conflictos, la discriminación o las enfermedades, nuestro progreso debe fundamentarse en el conocimiento de que todos pertenecemos a una única familia humana y compartimos importantes principios, valores y derechos".

Regresamos, por tanto, a una idea de universalidad —siquiera leve—, de familia humana, de principios plurales, valores y derechos compartidos, que deben ser conocidos y aprendidos por la ciudadanía (en sentido amplio) si deseamos el progreso moral como seres humanos. ¿Se está trabajando en esa dirección?

Hace años María Zambrano argumentaba que, en medio de una potente industria del espectáculo que funciona como instrumento de distracción y cuyo único fin es ganar dinero, se necesita cada vez más **una política educativa y cultural que se interese por la vida en común** y nos enseñe a ponernos en el lugar de la otra persona. Este contexto ultraliberal e individualista se ha acelerado con la llegada del siglo XXI y la eclosión de la revolución tecnológica. En la actualidad, el mercado laboral no favorece el estudio de los saberes inútiles (para el mercado) por lo que las humanidades, que capacitan para entender el mundo, su variedad y complejidad, dejan de tener interés y pierden espacio. Con ellas también los derechos humanos.

Para justificar la 'utilidad' de educar y aprender en torno al mundo de los derechos es imprescindible asumir dos cosas. La primera es que, en **lo cotidiano**, además de las guerras y los abusos que vemos lejanamente en los informativos o en las redes sociales, estamos rodeados de situaciones y relaciones que son el ejercicio (o la violación) de derechos humanos. En este sentido, educar en derechos humanos es aprender a protegernos de las injusticias. La segunda es comprender que la educación, la dirigida a procurar el libre desarrollo de la personalidad y el respeto de los derechos y las libertades, exige una implicación y un **activismo en todos los órdenes sociales**. Desde la escuela —cuyos valores y ética impartidos deben ser los de los derechos humanos— hasta las personas y organizaciones que, desde las instituciones, los medios de comunicación y la participación cívica, construyen día a día la sociedad.

Sin educación, sin cultura de derechos humanos, no habrá imaginación ni utopía, no habrá lucha, no habrá conquista sino retroceso. La educación y la cultura de los derechos humanos no vencerán por sí solas la tendencia actual hacia el autoritarismo, pero pueden frenarla, acaso desviarla. Porque el pálpito de la cultura en derechos en el comportamiento del individuo y los grupos humanos determina la selección y el perfil de los gobernantes, el corazón garantista de las leyes, la interpretación de las normas por los jueces y la dirección social de las políticas públicas. Además, porque ese pálpito está en el origen de la mejor desobediencia civil, la que se rebela contra las injusticias cotidianas que construyen la pendiente deslizante hacia la sociedad sin derechos.

Capítulo Cuarto
Los derechos humanos hoy: crisis y retos

La Declaración Universal de los Derechos Humanos fue aprobada en 1948 por 48 votos a favor, 8 abstenciones (URSS, Bielorrusia, Ucrania, Yugoeslavia, Polonia, Checoslovaquia, Arabia Saudí y Sudáfrica) y 2 ausencias (Honduras y Yemen). Hoy son 193 los países adheridos a ella. Su nacimiento no era el final de un camino sino el principio de la realización de un deseo extraordinario: que todos los pueblos y naciones, individuos e instituciones promovieran —con la educación y con medidas progresivas de carácter nacional e internacional— el reconocimiento, la promoción y la aplicación universal y efectiva de los derechos contenidos en la Declaración.

Recientemente, en la celebración de su 75º Aniversario, el Secretario General de la ONU recordaba y describía el importantísimo avance que se ha producido en el reconocimiento y protección de los derechos humanos. Porque existen los Pactos de derechos civiles, políticos, sociales, económicos y culturales, un sólido sistema basado en tratados, una estructura institucional dedicada a su promoción y protección y una mayor conciencia de los valores y compromisos que los sustentan. Y porque, hablando de su realización efectiva, «millones de personas disfrutan de una vida más segura, más larga y más digna».

En efecto, los datos demuestran que a nivel global los indicadores básicos sobre mortalidad, esperanza de vida, escolarización, nivel de renta, desarrollo institucional, conciencia ambiental… han evolucionado favorablemente en las últimas décadas. Sin embargo, siendo esto cierto, las luces de alarma aparecen hoy con un brillo especialmente intenso. Además de constatar que las violaciones de derechos humanos no han dejado de producirse en todo este tiempo en todos los lugares del mundo, existen serias dudas acerca de si, de modo global, se va en la dirección correcta y a la velocidad adecuada. E incluso si no se asiste a un tiempo histórico de retrocesos. En este sentido, la Asamblea General de Naciones Unidas aprobaba el 22 de septiembre de 2024 una Resolución denominada *El Pacto para el Futuro*, en la que se declaraban cosas tan inquietantes como esta:

> *"Asistimos en estos momentos a una profunda transformación mundial. Nos enfrentamos a crecientes riesgos catastróficos y existenciales, muchos de ellos causados por nuestras propias decisiones. Hay seres humanos que padecen terribles sufrimientos. Si no enderezamos el rumbo, corremos el riesgo de estar abocados a un futuro disfuncional en el que las crisis serán constantes".*

Así que podría decirse que estaríamos mejor que siempre pero en una situación crítica. Como el escalador que ha ascendido buena parte de la montaña pero se encuentra desorientado, cansado y sin ideas, dudando entre seguir adelante o precipitarse al vacío.

¿Cuáles son los hechos y las circunstancias que provocan esta sensación de crisis profunda y de inflexión inmediata? ¿Es justificada o se explica por la costumbre humana de pensar siempre que se vive en el momento límite de las cosas? Sumergidos en el tupido bosque de la historia en marcha y sometidos a estímulos informativos que navegan entre lo eufórico, lo catastrófico y lo emotivo, no resulta fácil situar la propia ubicación y mantener la brújula en la dirección correcta. En lo que sigue se exponen —casi de forma telegráfica y sin intención de exhaustividad— algunos de los hechos y circunstancias que configuran este contexto incierto —el preocupante estado de los derechos humanos en el mundo— y se señalan algunas de las posibles puertas de salida hacia una coyuntura más constructiva y optimista.

1. LA CRISIS: IMPUNIDAD, DESIGUALDAD E INCERTIDUMBRE

António Guterres, Secretario General de la ONU, ha esquematizado en tres factores de insostenibilidad los síntomas de una crisis de tiempos de transición, que anuncia transformaciones negativas importantes si no se adoptan medidas adecuadas. Estos factores son la impunidad, la desigualdad y la incertidumbre, mundos que interactúan entre ellos ampliando su campo de acción.

- En relación con **la impunidad**, esta se refiere a la ausencia de efecto alguno para quien ejerce violencia sobre las personas y abusa de las garantías fundamentales y de los derechos de los Estados. Guterres ha señalado la impunidad como la principal amenaza para el Derecho internacional y la Carta de las Naciones Unidas.

La historia de la impunidad no es reciente. La segunda mitad del siglo XX está jalonada de ejemplos poco respetuosos con la Carta, la soberanía de los Estados y la vida digna de los pueblos. No hay más que asomarse a la suerte de los movimientos latinoamericanos contra las dictaduras y la posición activa de los Estados Unidos a través de la CIA en la región (Guatemala 1954, Cuba 1959, Chile 1973, Nicaragua 1979), la de la Unión Soviética con sus 'países satélite' (Hungría, 1956, Checoslovaquia, 1968), la 'salida' de los europeos de las colonias africanas (Congo, 1960), o ya en el siglo XXI la invasión de Irak por EEUU y sus aliados (2003). La masiva violación de derechos humanos que todos estos acontecimientos han ocasionado no ha provocado castigo alguno sobre sus responsables.

En la actualidad, conflictos de distinta naturaleza demuestran que esa tendencia no parece revertirse. Mientras se escriben estas páginas destaca sin duda la masacre de civiles (miles de niños, mujeres y ancianos) que desde hace más de un año Israel lleva a cabo en Gaza, y que solo el interés de parte puede negar que se trata de un genocidio. «Que con todas las hermosas normas de derechos humanos que tenemos no podamos parar esta carnicería, es pura oscuridad para mí», ha declarado Francesca Albanese, relatora especial de la ONU sobre los territorios palestinos ocupados.

Pero el Derecho internacional no solo languidece en Palestina. El extractivismo atroz y el irrespeto sistemático a los derechos de los pueblos indígenas en muchos territorios del planeta, el bloqueo en el Consejo de Seguridad de Naciones de la ONU para abordar el conflicto de Etiopía, la presidencia de Arabia Saudí del foro de igualdad de género de la ONU, el silencio internacional sobre la suerte de las mujeres en Afganistán, o sobre la de los uigures en China... estos y otros casos plantean la duda sobre si, en realidad, lo que sucede es que a nivel global Hobbes está venciendo a Kant.

Dos notas sobresalen de estos casos de impunidad. La primera es que en ellos se combina un *doble plano exterior-interior,* es decir los intereses del juego geopolítico con la política interna de los Estados. La segunda es el *doble rasero* que se aplica sobre la democracia y los derechos humanos, según convenga: Rusia y Ucrania *versus* Israel y Palestina como referencia. Y regresa una pregunta: ¿pueden calificarse como verdaderas democracias y Estados de Derecho aquellos países que, respetando en su interior los derechos humanos, actúan en el plano internacional vulnerándolos por intereses económicos y geopolíticos?

- La **desigualdad** se presenta como el segundo factor de insostenibilidad. Si la igualdad en los derechos es el principio que está en la base de las sociedades democráticas, es decir plurales en su cohesión, el síntoma que la niega necesariamente las debilitará en su fortaleza.

En su informe de 2023, el Banco Mundial reconoce que la lucha contra la pobreza se ha estancado, que la deuda externa ha aumentado en todas las regiones, que la perspectiva de crecimiento a largo plazo se ralentiza y que el clima va producir más desigualdades entre los países y en el interior de los mismos. Al mismo tiempo concurre el dato según el cual el 1% más rico de la población posee el 43% los activos financieros mundiales; y creciendo. Teniendo en cuenta que los beneficios aumentan a una tasa superior a la que lo hace la economía, y que ésta todavía crece en muchos países, se deduce que la desigualdad es consecuencia de una progresiva concentración de la renta y de la riqueza.

Se trata de una brecha inmoral que, de una parte, se cobra vidas e impide el ejercicio de derechos de la gran mayoría, pero sobre todo de aquellas poblaciones y grupos de personas que se encuentran en situación de vulnerabilidad. De otra, en los Estados de Derecho esa brecha produce desapego y desconfianza, la convicción de que el sistema democrático no vale la pena, pues no es capaz de proporcionar las necesidades básicas de sus habitantes. Por eso no extraña comprobar el aumento entre el número de jóvenes que viven en democracias liberales que aceptarían regímenes no democráticos si les garantizasen ciertos niveles de bienestar. Es el anarcoliberalismo pujante de Trump, Milei o Bolsonaro, remedo de una extrema derecha europea a la que al parecer no alcanza la memoria democrática de la sociedad.

Lo cierto es que los extraordinarios beneficios fiscales para las grandes corporaciones y los empresarios multimillonarios tienen repercusión en lo cotidiano, en la reducción drástica de las inversiones públicas que llegan para la salud, la vivienda, el transporte, los cuidados, la administración de justicia, la educación y la protección social de la ciudadanía. El síntoma de esta debilidad estatal se muestra, de una parte, en *la secesión de los ricos* —relatada por Ariño y Romero en el libro del mismo nombre—, élites extractivas con capacidad para procurar sus necesidades al margen de lo público; y de otra, en la precarización de la gran mayoría de la población, usuaria de servicios infrafinanciados y de baja calidad. Lo preocupante de esta realidad es que la evidente injusticia resultante lo que quiebra es el sistema democrático, no las fuerzas antidemocráticas que (junto al *establishment* inoperante, cuando no cooperador necesario) son sus principales responsables.

- Como tercer factor de insostenibilidad aparece la **incertidumbre**, cuyos sinónimos son inseguridad, desasosiego, duda y recelo. Se trata de un factor que crea altos niveles de ansiedad social y que viene asociado principalmente a 'dos espadas de Damocles': la crisis climática y la revolución tecnológica.

El cambio climático está produciendo ya situaciones extremas (el año 2024 el calentamiento del planeta alcanzó 1,5° respecto a los niveles preindustriales). Las que puntualmente provocan la pérdida de vidas, destrucción de viviendas, cultivos y negocios (como incendios e inundaciones), y las que de modo constante impactan en la salud de las personas más vulnerables (calor extremo) y convierten en refugiados climáticos a quienes emigran de territorios devastados por las sequías o por la subida del nivel del mar. Que la crisis climática es consecuencia de la actividad humana esta fuera de toda duda razonable, pero los avances que pueden revertirla son muy débiles todavía. La Cumbre del Clima de Bakú, en 2024, cerró *in extremis* (fuera de plazo) con un acuerdo de mínimos más que decepcionante. La ola reaccionaria y negacionista que llega a los gobiernos de muchos países relevantes no augura un futuro optimista.

Por su parte, la revolución digital es la responsable de extraordinarias transformaciones sociales, políticas y económicas que se manifiestan en un doble plano paradójico: de una parte favorecen el bienestar de muchas personas, por ejemplo en la movilidad, o en el ámbito de la salud y de los cuidados; de otra, amenazan con abrir aún más la brecha de la desigualdad social, económica y cultural. Algoritmos con sesgos que producen graves discriminaciones, neurotecnología que asalta el cerebro y puede cambiar la identidad de las personas, extractivismo de datos, vigilancia masiva y control ciudadano que desprecia la privacidad y zarandea la libertad de pensamiento, manipulación de procesos electorales, desinformación... El alcance del impacto tecnológico está por ver tanto en su vertiente benéfica como en su faceta amenazante, pero el perfil de quienes ejercen el control sobre su uso a gran escala y la ausencia de regulación justifican sobradamente la incertidumbre que ese futuro provoca.

Además de los dos señalados, en algunas sociedades (como la europea y la norteamericana) un tercer factor se suma a la incertidumbre social vinculada a la inseguridad, la sospecha y el recelo. Se trata de la demanda migratoria, de asilo o económica. Como sucede con la tecnología, la inmigración es un fenómeno de gran valor para las sociedades de acogida (sobre todo si son envejecidas), pero complejo y difícil de gestionar. Más aún si existe una extrema derecha que propaga el discurso xenófobo y simplista que vincula inmigración y delincuencia y ese marco discursivo securitario se acepta por el resto de fuerzas políticas. Esta aceptación temerosa se traduce en una creciente desconfianza social hacia 'el otro' y en acciones institucionales y políticas migratorias que, si bien legitimadas por una mayoría inquieta ante el diferente pobre, chocan frontalmente con los derechos humanos. En su lugar, debería causar más desasosiego entre los europeos el *naufragio de Europa* que —como denuncia Javier de Lucas— cada año se produce en el Mediterráneo con la muerte de miles de personas que buscan refugio huyendo de guerras, pobreza y catástrofes *naturales*.

Como se ha dicho, estos factores de insostenibilidad planteados por el Secretario General de la ONU interactúan, alimentando de forma particular la incertidumbre y el desorden, global y local. Esta idea de desorden —señala Juan Romero— puede ser útil para revisar interdisciplinariamente su relación con los derechos humanos y para plantear en consecuencia las respuestas que pueden contribuir a reordenar un planeta en crisis. Muy resumidamente, **las** 'geografías del desorden' que Romero señala se visualizan desde cinco planos diferentes:

— El desorden **geopolítico**. Hace referencia al hoy especialmente inestable marco geográfico global desde el que se entiende, explica y predice el comportamiento político internacional. Se describe por la recolocación de las antiguas potencias mundiales y la incorporación al gran tablero de otras nuevas y no estatales, pero también por las múltiples formas del desorden dispersas por la geografía mundial.

— El desorden relacionado con **condiciones de vida**, dignidad y derechos humanos de una parte importante de la población mundial. Llama la atención sobre el altísimo porcentaje de la población que no tiene acceso a los bienes básicos o necesario para una vida digna, sobre las brechas de género, la esclavitud infantil, el saqueo de recursos, sobre la represión al periodismo riguroso, la persecución política...

— El desorden **social y emocional**. Se refiere a las fracturas sociales consecuencias de la creciente desigualdad en Occidente y en otros países de *capitalismo pobre*. En él convergen la precariedad económica, la avería del ascensor social, las limitaciones de los servicios sociales y las consecuentes frustraciones colectivas.

— El desorden **democrático**. Hace referencia al creado por los 'grandes imperios' del siglo XXI, las empresas transnacionales del campo tecnológico. ¿Cuánta verdad soporta una dictadura y cuanta mentira soporta una democracia?, se pregunta Pepe Reig ante la nueva era de caos informativo que revienta los procesos electorales; que cuestiona, cuando no rechaza, la actividad científica en favor de la simplificación de una sociedad cada vez más plural y compleja.

— El desorden **ambiental** provocado por el calentamiento global. Llama la atención sobre el impacto en la vida de las personas, pero también sobre el resto de los seres vivos del planeta, animales y vegetales, así como sobre los ecosistemas que están destruyéndose de forma irreversible por la sola intervención del ser humano.

Una lectura detenida de estas geografías o factores de incertidumbre, algo más que la somera presentación que estas páginas pretenden, muestra que la(s) crisis de derechos humanos no surgen de un momento a otro. Es la dejación continuada del ejercicio debido de responsabilidad la que alimenta la espiral de la desigualdad, el descontento, la violencia, la inestabilidad y, en última instancia, las crisis. Estas, como se comprende bien, tampoco se resuelven de un momento a otro. Son necesarias ideas y propuestas, mucho trabajo, a muchos niveles y, allí donde no estén activadas, ponerlas en marcha cuanto antes.

2. LOS RETOS: RESPONSABILIDAD, IGUALDAD Y CONFIANZA

Enfrentar los factores de insostenibilidad descritos y su impacto sobre los derechos humanos, tratar de reordenar un mundo para que estos constituyan —en palabras de Eusebio Fernández—«la piedra de toque de la justicia del Derecho y de la legitimidad del Poder», requiere pensar, hablar y actuar sobre ellos sin descanso. Se trata de un reto civilizatorio, pues son muchas las señales que indican que el orden mundial creado por Occidente hace 80 años se viene abajo, sin descartar que tras los monstruos protagonistas de la esperable transición aparezcan otros monstruos mayores.

Las luchas que el gran desafío convoca se han de mantener en distintos planos, abiertos y complementarios: la lucha contra la desigualdad, la defensa de la democracia, el respeto al Planeta, la aplicación del Derecho internacional, el fin de la impunidad y una nueva gobernanza global.

Si hablar de derechos humanos es hablar de igualdad de acceso a los derechos, entonces la **lucha contra la desigualdad** es el primero de los retos a enfrentar, a nivel global y local. La desigualdad debe reducirse entre países y en el interior de los países. Para ello es necesario, de una parte, fomentar la cooperación internacional que posibilite un comercio y unos sistemas financieros justos, lo que puede facilitarse garantizando que los países en desarrollo estén mejor representados en el proceso de toma de decisiones sobre los problemas mundiales. De otro, procurar la movilidad y la igualdad social —es decir socioeconómica— de la ciudadanía, entendida esta en su forma original y amplia, inclusiva, no homogénea en lo cultural, no limitada a los nacionales del mismo perfil étnico, no excluyendo a quienes el propio sistema discrimina de forma estructural. La tan reclamada cohesión social difícilmente se alcanzará si no es por esta vía, a través del acceso igualitario de todas las personas a los bienes comunes: la educación, la protección de la salud, el trabajo, la vivienda y la cultura.

Que el corrimiento social hacia la extrema derecha es tendencia mundial desde hace tiempo lo revelaba ya *The Economist Intelligence Unit* en 2018 y lo confirmaba el *Pew Research Center* un año después. Ese desplazamiento es a su vez el del **sistema democrático** hacia el fuera de juego. Los vectores que lo producen son diferentes pero están relacionados, y en muchos casos dirigidos. La ya mencionada lucha contra un sistema económico injusto a nivel global y contra las desigualdades a nivel local es una primera piedra de toque en este complicado laberinto. Después, la responsabilidad de los partidos políticos democráticos para revertir la desconfianza hacia las instituciones es también crucial. Por ejemplo, a pesar de que sus tiempos político-electorales son cortos, aceptar marcos de acción antidemocráticos y violadores de derechos (desinformación y guerra jurídica —*lawfare*— contra competidores) no puede ser una opción, dichos marcos deben ser combatidos. También por los medios de información, una información que no solo es una libertad constitucional sino también un bien público derecho fundamental de la ciudadanía. La misión irrenunciable es en consecuencia buscar la verdad de los hechos con información contrastada y documentada, que rechace el discurso del odio y garantice un debate público democrático.

El **respeto y cuidado del Planeta** es otro de los retos cruciales que debe enfrentarse. Los límites razonables ya han sido sobrepasados, tanto en la emisión de gases como en la explotación de recursos naturales. Solo una *acción climática* estratégica y contundente puede, con el tiempo, revertir la tendencia destructiva del calentamiento global. Reducción de gases de efecto invernadero, descarbonización del sistema energético, protección de la biodiversidad y los ecosistemas, economía circular, gestión de residuos, sistema alimentario saludable, transporte respetuoso con el medio ambiente, apoyo financiero para el desarrollo regional... Como se ve, la agenda climática se compone de un conjunto de acciones en ámbitos muy diferentes pero relacionados. Esta agenda debe comprometer a los mayores responsables de una amenaza que, ya se señaló más arriba, está produciendo efectos devastadores sobre miles de seres humanos.

Muy relacionado con el tema medioambiental se encuentra el del protagonismo **del Derecho internacional** (pues la agenda climática debe ser obligatoria jurídicamente para los Estados) y el de **la impunidad** denunciado más arriba. Resulta imprescindible reivindicar el papel del Derecho internacional de los derechos humanos y del Derecho internacional humanitario (el que limita los efectos de los conflictos armados), así como el de las instituciones que vigilan su cumplimiento. Su legitimidad no viene dada tanto porque lo abracen todas las personas y todos los Estados sino porque garantiza el derecho de todos. Es una buena noticia, y debe verse como ejemplo, que los Estados activen los mecanismos jurídicos internacionales y que los ciudadanos hagan oír su voz reivindicando valores como la necesaria protección de los derechos de todas las personas y de todos los pueblos. En

2019 Gambia demandó a Myanmar ante la Corte Internacional de Justicia, por perpetrar actos genocidas contra el grupo étnico, racial y religioso *rohinyá*, y a finales de 2023 Sudáfrica hizo lo propio contra Israel, por presuntas violaciones de la Convención sobre el Genocidio de 1948 en relación con los palestinos de la Franja de Gaza. Por su parte, el Tribunal Europeo de Derechos Humanos resolvió en 2024 —a instancias de un grupo de mujeres suizas cuya edad media es de 73 años—, que Suiza ha violado el derecho a la intimidad personal y familiar de las personas mayores al no cumplir su obligación de tomar medidas suficientes contra el cambio climático. Todos estos casos muestran un camino a seguir, si bien no serán suficientes si quienes han creado el orden normativo de protección internacional de los derechos humanos (los países occidentales) a la hora de su aplicación utilizan un doble rasero, vergonzoso e inaceptable.

En último lugar, aunque sin agotar todos los desafíos que podrían abordarse, se sitúa el reto de la **nueva gobernanza global**. En este punto, tomando como base el artículo 16 de la Declaración de los Derechos del Hombre y el Ciudadano de 1789, podría decirse que:

> *Un planeta en el que no esté establecido la garantía de los derechos, ni determinada la separación de los poderes, carece de Constitución.*

Con los matices que se desee, si el constitucionalismo es la ordenación del poder dirigida a procurar la garantía de la libertad y los derechos de los seres humanos, luchar contra el *anticonstitucionalismo global* y propugnar **un Planeta de Derecho** para afrontar el desorden e incertidumbre existentes resulta razonable. Parece un propósito utópico pero, como afirma Luigi Ferrajoli, «la verdadera utopía es pensar que podemos seguir como hasta ahora». Con este principio, el maestro italiano propone en

La Constitución de la Tierra una arquitectura jurídica del mundo que bebe de las «tradiciones constitucionales comunes a las cartas de derechos más avanzadas» y que pretende enfrentar los «poderes salvajes». Se trata de un contrato planetario que se compromete a tutelar derechos y 'bienes fundamentales' (sustraídos a los intereses del mercado, como el agua o las vacunas), a proscribir 'bienes prohibidos' (armas atómicas y residuos tóxicos) y a revertir los 'crímenes de sistema' (amenazas nucleares, catástrofes ecológicas) provocados por los seres humanos. Para ello se erige un edificio institucional complejo constituido por organismos ya existentes pero reorientados (la ONU) y por entidades completamente novedosas (Tribunal Constitucional Global). Se trata de una propuesta posible —para debatir y mejorar— que se justifica, como señala García Pascual, por su eticidad y por su adecuación para preservar lo que consideramos más valioso: las vidas humanas y el medio natural.

María Zambrano denunciaba en *La agonía de Europa* la 'servidumbre' del europeo contemporáneo a 'los hechos'. Una servidumbre ensoberbecida por su excesiva confianza en el dominio de la naturaleza y la ciencia, que olvida la importancia de alejarse de la realidad para pensar e imaginar mundos nuevos. Es en ese sentido que Enzo Traverso nos dice —*en Revolución: una historia intelectual*— que para **construir nuevas utopías** hay que salir del 'tiempo comprimido' de un presente que renuncia tanto a la vinculación con el pasado como al horizonte del futuro. Enfrentar los desafíos que para los derechos humanos se están desarrollando en este siglo XXI va a exigir compromiso, imaginación y propuestas concretas.

Conclusión:
Los derechos humanos, conquista y defensa de un planeta digno

«Lo que ocurra con la tierra recaerá sobre los hijos de la tierra», dejó escrito en 1855 el jefe Seattle en su famosa carta al presidente Franklin Pierce. Hoy sabemos, además, que lo que les ocurre a los hijos de la Tierra también le ocurre a la Tierra.

Se cierra el círculo y entendemos que tiene sentido que este objeto astronómico que habitamos aspire a convertirse en un Planeta de Derecho, al menos si desea conservar su medio ambiente, su capacidad de evolución natural y servir de espacio digno para la vida de sus habitantes. Un espacio en el que se respete a todos los seres vivos y en el que los derechos humanos, sea cual sea el nombre con que se definan, estén al alcance de todas las personas en todos los lugares.

Ese horizonte que parece tan lejano puede sin embargo acercarse poco a poco, pues está demostrado que el devenir de la historia y las luchas de las generaciones pueden quebrar las instituciones y las convicciones más arraigadas. Si se rompió con la idea de esclavitud —*fenómeno natural* según Aristóteles—, y desde el siglo XX el feminismo está arrinconando al patriarcado —*institución natural* desde antes de Aristóteles—, nada indica que sea imposible alcanzar la idea de un constitucionalismo global y un universalismo 'corregido' de los derechos humanos.

Como en aquellos casos, la realidad de un Planeta digno habrá de conquistarse y defenderse con la lucha. Ni los sistemas democráticos ni la Declaración Universal de los Derechos Humanos son fruto del azar. No han estado siempre, ni son eternos. Olvidar que generaciones pasadas invirtieron en ellas un altísimo precio para lograr derechos civiles, políticos y sociales es un riesgo que no deberíamos permitirnos, y menos en este comienzo del milenio.

En la coyuntura actual no resulta fácil saber si la generación presente está destinada a rehacer el mundo o más bien su tarea es, como la de Albert Camus, impedir que el mundo se deshaga. La tenaz acometida que el sistema económico y social llamado capitalismo vienen ejecutando especialmente en las últimas décadas —a través de sus líderes más resueltos— contra las instituciones internacionales y estatales que defienden la democracia y los derechos humanos (despreciándolas, eludiendo el sometimiento a su jurisdicción, no aplicando sus decisiones, recortando sus presupuestos, alimentando estereotipos discriminatorios, financiando el odio y la desinformación, negando el cambio climático, demonizando los ODS...) ha producido un claro debilitamiento de las mismas. Por el presente y por la Historia sabemos que el poder puede acabar con los derechos de las personas y anular su libertad; de hecho, somos conscientes de que esa inclinación siempre late en su seno.

Sin embargo, no debemos dejar de saber que también podemos intervenir para mejorarlas. Los derechos se tienen porque se han conquistado, y se mantienen si se han defendido. Hoy no se debe renunciar ni a la conquista ni a la defensa.

De la primera se exige que haga realidad los derechos humanos reconocidos, en especial los derechos sociales, que conquiste su eficacia, que remueva los obstáculos que impiden que se cumpla el Derecho internacional y las leyes nacionales que los protegen. Y se exige que aspire a incorporar espacios de dignidad todavía no conquistados como derechos, como los relativos a los cuidados, o los que peligrosamente invaden las nuevas tecnologías y la Inteligencia Artificial.

De la defensa se requiere que evite la marcha atrás de los derechos humanos, la reversión de lo alcanzado, tanto por lo que se refiere a derechos civiles y libertades públicas como a lo que toca a los derechos sociales; en ambos casos la responsabilidad del Estado es esencial. Con una verdad siempre en el pensamiento: cuando se recorta, limita o suprime un derecho, el daño mayor recae sobre aquellas personas que se encuentren en situación de vulnerabilidad, mujeres, ancianos, niños, personas con discapacidad, migrantes y colectivo LGTBI.

De lo local a lo global, de la política municipal a la geopolítica, los derechos humanos tienen vocación universal pero dependen de la voluntad y el compromiso individual y colectivo de los mismos seres humanos. La educación, la imaginación y la lucha ciudadanas deben dirigirse a propiciar que esa voluntad política sea la de hacerlos reales.